Sandra Schrönghammer &
Gregor Wolf

Bayerischer Wald

Radeln für die Seele

15 Wohlfühltouren

Droste Verlag

ALLE RADTOUREN AUF EINEN BLICK

Wagensonnriegel

Liebe Radfreunde, liebe Naturliebhaber,

kommen Sie mit in einen der wildesten Wälder Mitteleuropas! Dorthin, wo sich unendliche Ketten grüner Hügel aneinanderreihen. Dorthin, wo uns mystische Moore in ihren Bann ziehen. Dorthin, wo eine bunte Vogelschar quirlig über Bergbäche fliegt. Und dorthin, wo uns steinreiche Gipfel Ausblicke bis in die Alpen ermöglichen. Der Bayerische Wald ist eine wahre Schatzkiste für alle, die im Sattel eine Auszeit vom Alltag nehmen wollen.

In dieses Buch haben wir 15 der schönsten Radtouren der Region gepackt – inklusive Abstechern nach Tschechien und Österreich. Auf den Strecken kommen wir nicht nur an klassischen Zielen vorbei, sondern auch an versteckten Kleinoden, die selbst Einheimische überraschen. Es sind diese magischen Kraftorte, die uns für die Mühen belohnen. Denn eins muss klar sein: Es ist ein ständiges Auf und Ab im Bayerischen Wald. Das Mittelgebirge ist eben nicht die Norddeutsche Tiefebene. Aber wer etwas Ausdauer oder genügend Akkuleistung mitbringt, findet hier mächtig viel Radlglück. Das garantieren wir!

Die Hauptdarstellerin auf den Touren ist übrigens immer dieselbe: die märchenhafte Natur. Von ihr gibt es dank dem ältesten deutschen Nationalpark und zwei Naturparks mehr als genug. So steht dem Seelebaumelnlassen nichts im Weg.

Viel Spaß beim Genussradeln wünschen

Ihre Sandra Schrönghammer
und Ihr Gregor Wolf

NATUR-INFO

KULTUR-INFO

TOUREN-/EVENT-INFO

GENUSS-INFO

- 23,6 Kilometer
- 550 Höhenmeter
- 3 Stunden
- Rundtour

Einödriegel

Bike-Action

Rund um den Geißkopf

Geschichte, Gipfelglück und Geißkopf-Abenteuer verspricht unsere heutige Tour. Um all das zu erleben, geht's erst mal beständig und lang anhaltend bergauf. Dank einer rasanten Abfahrt am Schluss erreichen wir aber unseren Ausgangspunkt einigermaßen frisch. Der liegt übrigens am Ortsrand von **Bischofsmais** an einem **Wanderparkplatz.** Hier satteln wir die Pferde und rollen am Ende des Parkplatzes hinein in den **St. Hermann Weg.** Nach 400 Metern erreichen wir eine Kreuzung, an der rechter Hand bereits der erste Höhepunkt des Tages auf uns wartet.

Kapelle St. Hermann

Noch ehe wir richtig in Fahrt gekommen sind, steigen wir an der **Wallfahrtskirche St. Hermann ❶** wieder ab, um uns die weitläufige Anlage genauer anzuschauen. Neben dem Kirchlein selbst gibt's hier noch die Brunnenkapelle und die Einsiedelei-Kapelle. All das geht zurück auf einen Einsiedler, der sich im 14. Jahrhundert hier niederließ und zu dessen Ehren noch heute Wallfahrten unternommen werden.

Nun müssen wir aber erst mal Strecke machen. Am kirchlichen Areal vorbeirollend, orientieren wir uns das erste Stück am markierten Radweg mit der Nummer 21. Der bringt uns zunächst über Wiesen und Felder, vorbei an Waldrändern nach **Kleinbärnbach.** Nach dem Durchfahren des Dorfes verlassen wir den Radweg und biegen rechts in die Straße nach **Großbärnbach**

> !
>
> *Der turbulenteste Tag im Jahr von Bischofsmais ist der 10. August mit der **St. Hermann Kirwa.** Die Kirchweih zieht Händler, Wallfahrer und Besucher gleichermaßen an. Etwas kleiner, aber nicht minder lohnend ist das zweite jährliche Fest am 24. August.*

Trail-Abschnitt der Trans Bayerwald

ein. Auch diesen Ort einmal von Nord nach Süd durchfahrend, halten wir uns stets geradeaus, erst auf einer Nebenstraße, dann auf einem Forstweg. Jetzt beginnen die Waldgebiete um uns herum, dichter zu werden. Dabei treffen wir auf den Fernradweg **Trans Bayerwald,** der in unseren Weg mündet. Von da an folgen wir zunächst dem zugehörigen Kettenpiktogramm in einen leichten Singletrail hinein.

*Der durchgängig markierte Fernradweg **Trans Bayerwald** führt einmal quer durch die Region. In zwei Routen zu je sieben Tagesetappen werden sowohl der südliche als auch der nördliche Bayerwald erschlossen. Insgesamt sind so 700 Kilometer fahrbar.*

Bei der beständigen Bergauffahrt über den losen, leicht wurzeligen Untergrund spenden uns die Bäume kühlenden Schatten. Und nach gut 1,2 Kilometern Trail biegen wir wieder rechts in eine Forststraße ein. Nach knapp 8 Kilometern Gesamtstrecke erreichen wir schließlich die **Ruselhochstraße,** eine bei Rennrad- und Motorradfahrern beliebte Bergroute zwischen Deggendorf und Regen. Nachdem wir rechter Hand auf den Teeruntergrund eingeschwenkt sind, rollen wir 400 Meter am Rand eines **Golfplatzes** die Straße entlang zum **Ruselabsatz,** der Passhöhe.

Für die Seele

Abwechslung pur: Heute gibt's nicht nur ruhige Kraftorte, sondern auch mächtig viel Action. Und das macht sogar schon beim Zuschauen Spaß.

Radweg am Ruselabsatz

Am Ende eines großen Parkplatzes biegen wir rechts ab – weg von der Straße. Links vor uns liegt nun ein überdachter **Infopavillon,** an dem wir viele Tipps zur Region einholen können. Wer technische Probleme am Rad hat, findet hier sogar eine gut ausgestattete Reparaturstation zur Selbstbedienung. Weiter geht's schließlich auf dem Kiesweg oberhalb des Pavillons. 3 Kilometer lang rollen wir gemächlich, das eigene Tempo findend, emsig im Wald bergauf. Dabei halten wir uns stets geradeaus. An einer großen Wander- und Radwegkreuzung schnaufen wir kurz durch. Dabei werfen wir einen Blick auf die **Hölzerne Hand ❷.** Der leicht zu übersehende Bildstock am südwestlichen Kreuzungsrand erinnert an eine Sage, bei der eine alte Frau einem Verirrten den rechten Weg wies.

Wir wiederum fahren nordwärts bergauf, wo sich direkt hinter der großen Kreuzung eine Kiesweggabelung befindet, an der wir den linken Arm benutzen. Wir fahren weitere knapp 3 Kilometer auf der Kies-

Ruinen Oberbreitenau

Landshuter Haus

straße gemächlich bergauf, bis wir eine offener werdende Landschaft erreichen. An der folgenden Kreuzung biegen wir rechts ab, sodass wir rechter Hand die **Dorfruinen Oberbreitenau** ❸ bestaunen können. Bald erreichen wir das einzig verbliebene intakte Gebäude der Wüstung, das **Landshuter Haus** ❹. Die Schutzhütte des Bayerischen Wald-Vereins lädt zu Einkehr und Rast ein. Bei gutem Wetter können wir hier tolle Fernblicke genießen, zum Beispiel auf der schmucken hölzernen Trans-Bayerwald-Liege.

Im 16. Jahrhundert wurden nach Rodung der Hochfläche ***Oberbreitenau*** *einige Anwesen errichtet. Rund 400 Jahre trotzten die Bewohner den rauen Bedingungen, bis die letzten 1956 abwanderten. Die einst verschwundenen Ruinen wurden wieder freigelegt.*

Wieder bei Kräften, setzen wir unsere Route nordwärts entlang der Trans-Bayerwald-Beschilderung fort. Über erdige, schmale Pfade geht's weiter leicht bergauf. Nach 700 Metern, wenn die **Trans Bayerwald** einen 90-Grad-Knick nach rechts macht, fahren wir geradeaus auf einer Kiesstraße weiter. Noch mal 700 Meter später wird's abenteuerlich. An einer Kreuzung biegen wir links in Richtung Einödriegel ab. Es ist der dritte 700-Meter-Abschnitt in Folge, bei dem nach etwa der Hälfte der Strecke unter unseren Rädern ein

Geißkopf

Aussicht vom Turm am Geißkopf

wurzeliger Trail auftaucht. Wer diesem Stück nicht gewachsen ist, steigt einfach ab und schiebt. Die Mühe lohnt sich, denn der Gipfel am Ende ist ein wahrer Kraftort. Der 1121 Meter hohe **Einödriegel** ⑤ ist ein mit viel Jungwuchs überzogener Gipfel, an dessen höchster Stelle ein Holzkreuz thront. Die Aussicht ist zwar nicht fantastisch, dafür kann man hier die wilde Waldstimmung perfekt genießen.

Nach dem Glücktanken geht's zunächst auf demselben Trail zurück zur Kreuzung von vorhin, die wir diesmal geradeaus passieren. Nahezu flach rollen wir nun in Richtung Geißkopf. Dabei queren immer wieder abenteuerliche Trails unseren breiten Waldweg, sodass wir mit erhöhter Vorsicht unterwegs sind. Nachdem wir unter der **Geißkopf-Seilbahn** durchgefahren sind, halten wir uns an der nächsten Forstwegkreuzung rechts – und nach gut 100 Metern erreichen

Geißkopf mit Aussichtsturm

wir schon den 1097 Meter hohen **Geißkopf** ❻. Hier haben wir nicht nur den höchsten Punkt des Tages erreicht, sondern können nach ein paar Treppenstufen hinauf auf den aus Holz erbauten **Aussichtsturm** auch noch ein überwältigendes 360-Grad-Panorama genießen. Zudem gibt's in der **Geißkopfhütte** ❼ eine kulinarische Belohnung.

Wer sich fragt, warum hier oft so emsiges Treiben herrscht: Das liegt hauptsächlich am **Bikepark** ❽, der abenteuerlustige Biker aus der ganzen Region anlockt. Wir hingegen haben eine gemütlichere Abfahrt geplant. Abermals der **Trans-Bayerwald-Beschilderung** folgend, geht's zurück zur Weggabelung von vorhin, an der wir uns aber geradeaus halten und in weiten Bögen zur Talstation düsen. Immer wieder kreuzen wir einen der präparierten Rad-Trails mit Sprungschanzen,

Geißkopfhütte

Weg durch den Bikepark

Wellen und vertikalen Wänden sowie lichte Wiesen, auf denen im Winter Ski gefahren wird.

Wer sich mehr zutraut und das passende Rad dabeihat oder vor Ort ausleiht, kann natürlich auch mit mehr Action ins Tal düsen. Um den Aufenthalt im Bike-Mekka zu verlängern, muss man sich an der Talstation nur eine Liftkarte kaufen, um noch für ein paar mehr rasante Abfahrten zu bleiben. Keine Sorge: Dabei kann man sich ruhig völlig auspowern, denn der Weg zum Auto ist nicht mehr weit – und erst recht nicht anstrengend. Alle anderen halten zumindest immer mal wieder an und bestaunen das Können der Downhill-Fahrer.

Der Rückweg zum Ausgangspunkt ist ab der Talstation nämlich nur noch völlig entspannend. Die Trans Bayerwald lassen wir nun links liegen, biegen dafür südostwärts auf einen Forstweg ab, der parallel zur **Kreisstraße REG 5** verläuft. Jetzt geht's nur noch bergab, über den Weiler **Jägerwies** und die Ortschaft **Wastlsäge.** Am Ende taucht wieder **Bischofsmais** am Horizont auf, wo wir nach 25,3 Kilometern den Wanderparkplatz vom Beginn der Tour erreichen.

!

*Der **Bikepark am Geißkopf** bietet über zehn rasante Trails ins Tal. Hoch geht's mit einem modernen Lift. Runter führen Strecken verschiedenster Schwierigkeit, vom „Flow Country Trail" für Anfänger bis hin zum „Evil Eye" für Fortgeschrittene.*

Unterbreitenau
REG 5
Teufelstisch
Farnbach
Einödriegel
Wastlsäge
Bischofsmais
REG 1
Hauptstraße
REG 5
Hermannschopf
Hermannsbach
Kleinbärnbach
Entenaubach
Groß-bärnbach
Hermannsried
Oberried
Breitenauriegel
Riegelsattel
Anhangberg
Gläselbach
Wimmesbach
Salzbach
Hirschenkopf
Loosbach
Schergenhöhe
Ruselbach
Frohnreut
Ruselhochstraße
Ruselabsatz
St 2135
Rusel
DEG 19
1
2
3
4
5
6
7
8

Entspannung ✱✱✱✱✱

Genuss ✱✱✱✱✱

Romantik ✱✱✱✱✱

WIE & WANN:
Die Runde verläuft zum Großteil über breite Kieswege, einige Passagen führen aber auch über schmale, wurzelige Trails, sodass ein gewisses fahrerisches Können erforderlich ist.
Beste Zeit: Ende April bis Anfang Oktober

HIN & WEG:
Auto: Wanderparkplatz schräg gegenüber der Hauptstraße 64, 94253 Bischofsmais (GPS: 48.919793, 13.073747)
ÖPNV: Keine ÖPNV-Anreisemöglichkeit für Radfahrer

ESSEN & ENTSPANNEN:
Landshuter Haus ❹ Oberbreitenau 1, 94253 Bischofsmais, Tel. (0 99 20) 2 55
Geißkopfhütte ❼ Tel. (0 99 20) 336, www.geisskopf.de

ENTDECKEN & ERLEBEN:
Wallfahrtskirche St. Hermann ❶
Hölzerne Hand ❷
Dorfruinen in Oberbreitenau ❸
Einödriegel ❺
Geißkopf mit Aussichtsturm ❻
MTB Zone – Bikepark Geißkopf ❽ Unterbreitenau 1, 94253 Bischofsmais, www.mtbzone-bikepark.com

- 28 Kilometer
- 620 Höhenmeter
- 3,5 Stunden
- Rundtour

Wagensonnriegel

Selige Ruhe

Wagensonnriegel und Guntherkirche

Auszeiten muss man sich ab und zu auch erst verdienen. Und genau das haben wir heute vor. Auf einer recht knackigen Tour, die uns fast bis auf 1000 Höhenmeter über dem Meeresspiegel bringt, stehen zwei einladende Ruheoasen auf dem Programm. Doch dorthin müssen wir erst mal kommen. Und so starten wir am **Naturpark-Infozentrum „Sonnenhaus" 1** in Zwiesel, direkt an der **Bundesstraße 11** gelegen. Den Besuch der Ausstellung heben wir uns aber für das Ende der Tour auf. Dafür werfen wir gleich einen Blick auf den **Weißwurstäquator 2**, ein recht skurriles Denkmal direkt am Startpunkt. Hinter dem großen Felsen nebst Weltkugel und Bayernfahne startet unsere Tour schließlich.

*Scherzhaft wird Bayerns wichtigste Grenze **Weißwurstäquator** genannt. Eine der vielen Definitionen sieht seinen Verlauf auf dem 49. Breitengrad. Nördlich davon liegt demnach Restdeutschland, südlich davon das echte Bayern. Zwiesel wäre somit Grenzstadt.*

Weißwurstäquator

Wir folgen dem ausgewiesenen Radweg in Richtung **Bärnzell.** Nach gut 500 Metern haben wir den Ort auch schon erreicht. Zunächst halten wir uns geradeaus, ehe wir an der **Bärnzeller Straße** rechts abbiegen. Ohne von dieser Straße abzubiegen, radeln wir durchs Dorf direkt auf den Wald zu. Am Waldrand, auf Höhe eines Bolzplatzes, gibt's eine Radwegkreuzung, an der wir uns links halten.

Radweg zum Wagensonnriegel

Im schattigen Wald ist Bergauf-Einrollen angesagt. Die erste Passage führt auf einer Forststraße für 3,7 Kilometer stets geradeaus. Mit 170 Höhenmetern macht dieses Stück gleich am Anfang den längsten Anstieg des Tages aus. An der zweiten Radwegkreuzung am Griesbacher Taferlbaum biegen wir rechts Richtung Wagensonnriegel ab. Nun wird es für einige Meter flach oder sogar leicht abfallend, sodass wir uns etwas erholen können. Weil es ja aber auf einen Berg geht, biegen wir bei der nächsten Möglichkeit rechts ab, wonach es zum Teil wieder steiler wird.

Nach ziemlich genau 9,5 Kilometern Gesamtstrecke verlassen wir den festen Untergrund und schwenken, den Markierungen zum Wagensonnriegel folgend, scharf rechts in einen schmalen Waldweg ab, der sowohl für Mountainbiker als auch für Wanderer gedacht ist. Für gut 1300 Meter wird's also wurzeliger. Wer es nicht schafft, steigt einfach ab. Denn: Wer sein Rad liebt, der schiebt. So oder so: Der Steig führt, den Markierungen folgend, zum Gipfel des **Wagensonnriegels ❸.** Der 959 Meter hohe Aussichtsberg ist bei Weitem nicht so überlaufen wie seine bekannteren Pendants. Und zur tollen Sicht in Richtung Westen gibt's auch noch einen selig machenden Kraftort. Am Gipfel

!

*Die **Holzkapelle am Wagensonnriegel** wurde einst für einen historischen Festzug erbaut. Heute ist der Bau der Waldvereinssektion Rinchnach nicht nur beliebtes Fotomotiv, sondern auch Ort einer Bergmesse, die jedes Jahr am 3. Oktober stattfindet.*

Für die Seele

Zwei spirituelle Kraftorte sorgen für besinnliche Momente, gepaart mit weiten Ausblicken in die Waldnatur. Platz nehmen und Akkus aufladen!

Aussicht am Wagensonnriegel

wartet nämlich nicht nur das obligatorische **Gipfelkreuz,** sondern auch eine äußerst schmucke Blockholzkapelle. Hier muss man einfach ein paar Minuten durchschnaufen und Kraft tanken!

Der Rückweg führt erst mal zur Kreuzung direkt unterhalb des Berges. Hier fahren wir, dem Radweg folgend, die ersten 500 Abwärts-Meter auf erdigem Untergrund. So kommen wir auf eine kleine Wiese, an deren Ende wir uns rechter Hand halten. Es folgen ein paar letzte Meter auf losem Untergrund, ehe wir links

*Oft filigran verzierte **Totenbretter** erinnern vor allem im nördlichen Teil des Bayerischen Waldes an Verstorbene. Meist sind die Gedenktafeln direkt an Wegesrändern platziert.*

an der **Rinchnach-Quelle** in eine Forststraße einbiegen. Nach genau 1 Kilometer erreichen wir eine Gabelung, an der wir scharf rechts abbiegen. Völlig kreuzungsfrei rollen wir nun fast 3,5 Kilometer durch den Wald, teils sogar recht rasant. Wir überqueren dabei den **Zenkaubach,** kommen an einem **Totenbrett** vorbei und fahren ein Stück parallel zum **Ebenaubach.**

Nach insgesamt 16,1 Kilometern mündet unser Weg in eine weitere Forststraße, in die wir links einbiegen. Nach einem 50-Höhenmeter-Gegenanstieg, bei dem wir uns stets geradeaus halten, öffnet sich plötzlich die bis hierhin meist dichte Waldlandschaft. Am Rand der saftigen Wiese rollen wir auf die **Skihütte Kohlau** zu, die im Winter Langläufer versorgt. Dahinter biegen wir rechts in eine kleine Nebenstraße ab. Die bringt uns nach einem kurzen Waldstück zum eigentlichen Weiler Kohlau, der nur aus wenigen Häusern besteht.

Nach dem letzten Haus rollen wir für kurze Zeit wieder in den Wald, biegen rund 400 Meter später bei der zweiten Gelegenheit aber schon wieder links in ei-

Kohlau

nen Forstweg ein. Der bringt uns in wenigen Minuten zur zweiten Ruheoase des Tages, der **Guntherkirche 4,** die auch Wallfahrtskirche Frauenbrünnl genannt wird. An einer sachte sprudelnden Quelle lassen wir die Räder stehen und erklimmen die wenigen Treppenstufen hinauf zur säuberlich angelegten Aussichtsplattform. Von dieser genießen wir nicht nur einen herrlichen Blick aufs Dach der Kirche, ihren weißen Turm und das darauf befindliche zart geformte goldene Kreuz. Nein, wir können auch Ausblicke in den Talkessel vor uns erhaschen. Bei so viel Bayerwaldromantik müssen wir einfach innehalten.

Nun geht's wieder retour. Dafür nehmen wir aber nicht den Forstweg von eben, sondern biegen direkt hinterm Brunnen rechts in einen erdigen, breiten Weg

Der im 11. Jahrhundert lebende Heilige ***St. Gunther*** *ist Namenspatron des Kirchleins im Wald. Er gilt als erster Mensch, der sich im Mittleren Bayerischen Wald niedergelassen hat. Dort, wo heute das Gotteshaus steht, lebte er einst in einer Einsiedelei.*

Radweg im schattigen Wald

ein. Der bringt uns zurück zur Nebenstraße, die nach Kohlau führt. Wir überqueren den Teer jedoch geradeaus, um dem dort markierten Radweg zu folgen. Wieder im dichten Wald, radeln wir auf den Rand des Weilers **Breitmoos** zu, wo wir weiter geradeaus rollen. Nun wird das Gefälle immer steiler, sodass wir in Windeseile die Ortschaft **Zimmerau** erreichen, in der wir links in die Nebenstraße einbiegen.

An der Bushaltestelle halten wir uns rechts. Somit haben wir quasi schon direkt den **Gasthof Mühle** 5 erreicht, der uns die Chance bietet, uns kräftig zu stärken. Vor allem die fangfrischen Bayerwaldforellen sind ein Gedicht. Nach der Einkehr rollen wir hinter dem Wirtshaus am rechten Ufer des Baches **Rinchnach** weiter. Auf der Zimmerauer Straße erreichen wir ein Sägewerk, hinter dem wir rechts in den Wald abbiegen. Für rund 1 Kilometer folgen wir meist auf waldigem Untergrund den Markierungen **„Rundwanderweg 7".** So kommen wir in den Ort **Oberasberg.** Die Hauptverbindungsstraße im Dorf erreichend, halten wir uns rechts, um die Siedlung geradeaus und stets bergauf zu verlassen.

Am Ende der Tour haben wir nun noch mal einen knackigen Anstieg vor uns. Anfangs von einem Mix aus Wiesen und Wald, später nur noch von Bäumen umgeben, müssen wir noch mal 100 Höhenmeter meistern. Doch dank der noch nicht allzu lang zurückliegenden Einkehr schaffen wir auch das ganz locker. Nur wenige Meter Luftlinie vom Gipfel des 778 Meter hohen **Asbergs** haben wir den höchsten Punkt des Anstiegs erreicht. Nun heißt es: ausrollen. In einer gerade am Anfang rasanten Abfahrt auf einem festen Forstweg erreichen wir bald erneut **Bärnzell.** Dafür müssen wir uns einfach immer geradeaus halten.

Die letzten 1,5 Kilometer kennen wir bereits von der Anfahrt. Die Orientierung in der nun wieder offenen Landschaft sowie durchs Dorf dürfte also kein Problem sein. Hinter dem **Weißwurstäquator** steuern wir nun das **Naturpark-Infozentrum** an, um nach den vielen Natureindrücken noch ein bisschen spannendes Hintergrundwissen aufzunehmen. Wer sich für das Geleistete noch mal belohnen will, kann gleich gegenüber im **Kulinarischen Schaufenster** ❻ vorbeischauen. Hier gibt's nicht nur leckeren Kaffee oder schmackhafte Snacks, sondern allem voran auch eine unglaublich wohlschmeckende Auswahl an Mitbringseln. Der Schmankerl-Pavillon vereint schließlich das Angebot Dutzender regionaler Lebensmittelproduzenten. So hat man noch länger kulinarische Erinnerungen an die heutige Tour.

Zwiesel
Schwarzer Regen
Kleiner Regen
Lichtenthal
St 2132
Zwieselau
11
Zwieselberg
1 6
2
P
Glasberg
Griesbach
Flanitz
Bärnzell
Oberer Kühberg
Leitenwaldhöhe
Althütte
Tausendbach
Stierberg
Reifberg
Asberg
Kühberg
Dreikögelriegel
Reifbach
5
Oberasberg
Unterasberg
Zimmerau
Rinchnach
Ebenaubach
St 2132
Kohlbichel
4
3
Wagen-
sonn-
riegel
Kohlau
Bräubach
Zenkaubach
Gehmannsberg
Rieder Bach
Kohlaubach
St 2134
Ried
Riedstein
REG 12
85
Eschenberg
Gsengetstein
Grub
Waldhaus

Entspannung ★★★☆☆
Genuss ★★★★☆
Romantik ★★★★☆

WIE & WANN:
Der Großteil der Tour verläuft über befestigte Forststraßen. Auf etwas über 6 Kilometern ist man auch auf wenig befahrenen Straßen unterwegs. Kleine Teilstücke verlaufen auch über Trails, wobei nur der Trail-Abschnitt kurz vor dem Wagensonnriegel eine merkbare Steigung aufweist.
Beste Zeit: Je nach Witterung ab circa Ende April bis Mitte November gut fahrbar

HIN & WEG:
Auto: Parkplatz am Naturpark-Infozentrum, Info Zentrum 3, 94227 Zwiesel
(GPS: 48.999288, 13.215760)
ÖPNV: Keine ÖPNV-Anreisemöglichkeit für Radfahrer

ESSEN & ENTSPANNEN:
Gasthof Mühle ❺ Zimmerau 10, 94269 Rinchnach,
Tel. (0 99 22) 12 06, www.gasthof-muehle.de
Kulinarisches Schaufenster ❻ Info Zentrum 1, 94227 Zwiesel,
Tel. (0 99 22) 8 69 88 10, www.arberland-bayerischer-wald.de

ENTDECKEN & ERLEBEN:
Naturpark-Infozentrum „Sonnenhaus" ❶ Info Zentrum 3,
94227 Zwiesel, www.naturpark-bayer-wald.de
Weißwurstäquator ❷
Wagensonnriegel mit Kapelle ❸
Guntherkirche ❹

- 34,2 Kilometer
- 760 Höhenmeter
- 3,5 Stunden
- Rundtour

Aussicht bei Hauzenberg

Granit-Eldorado

Bergbau-Geschichte um Hauzenberg

Eine Tour für Fans der Härte steht diesmal auf dem Programm. Das bezieht sich nicht nur auf den anfänglichen Anstieg, sondern vor allem auf die Gesteine, welche im Erdboden des Bayerwalds schlummern. Denen gehen wir genau auf den Grund. Passend dazu verläuft auch unser Weg nahezu nur auf hartem Untergrund. Gestartet wird dafür am **Freudensee** 1 bei Hauzenberg. Das erste Highlight haben wir also schon erreicht, ehe wir in die Pedale getreten sind. Wichtig: Im Sommer die Badesachen ins Auto werfen, damit der Abkühlung am Ende unserer Runde nichts im Wege steht.

Doch nun erst mal ab in den Sattel. Das Höhenprofil hat den Kraftakt des Tages gleich an den Anfang gesetzt. Heißt: erst schwitzen, dann entspannen. Auf den ersten 3,8 Kilometern warten nämlich 320 Höhen-

Freudensee

meter auf uns. Dafür folgen wir der Radwegbeschilderung bergauf in Richtung **Raßreuth.** Bis in dieses Dorf ist der Weg sogar noch relativ nett zu uns, denn hier ist die Steigung noch nicht allzu hoch. Hinterm Ort wird's da schon sportlicher. Aber keine Sorge. Erstens: Hier ist noch jeder hochgekommen. Und zweitens: Auch Schieben ist keine Schande. So oder so: Ein paar Pausen sollte man auf alle Fälle einlegen, schon allein, weil sich hinter unserem Rücken immer wieder fantastische Blicke bieten – nicht nur auf den Freudensee, sondern auch auf die Stadt Hauzenberg.

Unsere schweißtreibenden Bergaufpassagen führen uns in Spitzkehren, immer dem Radweg folgend, durchs Dorf **Gießübel** hinauf zum vorerst höchsten Punkt bei **Geiersberg.** Wenigstens wächst der Waldanteil mit der Höhe mit, sodass sich um uns herum immer mehr kühlender Schatten ausbreitet. Oben angekommen, machen wir nach diesem Kraftakt erst mal eine Pause an der schnuckeligen **Dorfkapelle.** Hier kön-

Kapelle Oberneureuth

Für die Seele

Der Bayerwald ist steinreich – und auf dieser Tour im Granitmekka entlocken wir den Böden der Region ihre Geheimnisse. Seid gespannt!

Flugplatz Sonnen

nen wir mit Stolz behaupten, die Tour schon fast gemeistert zu haben. Freilich liegt der Großteil der Strecke noch vor uns – und auch ein paar Anstiege kommen noch auf uns zu. Allerdings sind die im Vergleich zum bereits Geleisteten ein wahrer Klacks.

Wir halten uns erst mal stets geradeaus auf dem Radweg, in leichtem Auf und Ab. Nach etwas Wald wird es bald wieder offener. So kommen wir über Wiesen und Felder nach **Oberneureuth.** Am Ortsende rollen wir am **Flugplatz Sonnen** ❷ vorbei. Hier, auf einer Höhenlage von circa 800 Meter über dem Meeresspiegel, können wir an einigen Stellen tolle Weitblicke in die südlichen Ausläufer des Bayerwalds genießen. Also: Augen auf! Unser Weg über Nebenstraßen führt uns derweil nach **Haselberg** und **Sonnen.** Im Zentrum zweitgenannten Ortes biegen wir von der Hauptstraße im 90-Grad-Winkel in den Weg **Am Kirchberg** ein, der uns passenderweise direkt zur **Pfarrkirche Maria Himmelfahrt** bringt.

Nachdem wir Sonnen geradeaus auf der Straße verlassen haben, beginnt die erste längere Abfahrt des Tages. Noch recht gemächlich düsen wir in der offenen Landschaft gen Tal. Achtung: An der zweiten Radwegkreuzung, nach 10,4 Kilometern, biegen wir rechts, der Markierung „Sonnige Runde“ folgend, in eine

> **!**
> *Wer sich am Anfang gänzlich auspowern will, kann am Ende des ersten Anstiegs bei Geiersberg noch zum **Aussichtsturm am Oberfrauenwald** abbiegen. Der Abstecher bringt satte 1,6 Kilometer und 120 Höhenmeter mehr in die Tagesbilanz.*

Die 1828 geweihte **Waldkapelle** hat ein Veteran des Russlandfeldzugs von 1812/13 erbaut – als Dank für seine unversehrte Heimkehr. Die Schnitzereien und Ornamente tragen die Handschrift russisch-orthodoxer Kirchen, die ihr Schöpfer im Krieg studierte.

Nebenstraße ab. So stoßen wir, von vielen Buchen umgeben, auf eine weitere Nebenstraße, bei der wir uns links halten, um nach 13,3 Kilometern die **Waldkapelle Thierham** ❸ zu erreichen. An diesem reichlich verzierten Wallfahrtsziel machen wir kurz Rast.

Weiter geht's, den „Sonnige Runde"-Markierungen folgend. Dafür rollen wir 200 Meter ostwärts in Richtung **Haidensäg.** Den Ort erreichen wir aber gar nicht, weil wir vorher schon wieder rechts abbiegen, um die verstreut liegenden Häuser von **Thierham** an uns vorbeiziehen zu lassen. Am Ende der Siedlung verlassen wir die sonnigen Markierungen, biegen dafür in einen Radweg linker Hand ab. Der führt uns hinab zu einem letzten Anwesen, an dem der asphaltierte Untergrund endet. Geradeaus geht's für uns weiter auf losem Untergrund in den Wald hinein. Nach einem kurzen Anstieg gelangen wir zu einer Gabelung, wo wir links

Waldkapelle Thierham

Sonnige Radrunde

weiterfahren, um nach 17,5 Kilometern rechts abzubiegen. So kommen wir auf die **Kollersberger Straße.** Im Wiesen-Wald-Mix bringt uns diese direkt nach **Germannsdorf.**

Innerhalb der Ortschaft mündet unser Radweg in die **Hauptstraße,** in die wir links einbiegen, um, die Ortsumfahrung überquerend, geradeaus auf den **Haagwieser Weg** zu rollen. Wie der Name vermuten lässt, bringt uns diese Route direkt ins Dorf **Haagwies,** welches wir geradeaus durchfahren. Achtung: Am Ortsende bleiben wir geradeaus auf der Straße, folgen nicht dem abbiegenden Radweg. So verkürzen wir die Strecke zum nächsten Höhepunkt deutlich. Nach einem weiteren Kilometer haben wir die **Staatsstraße 2320** erreicht, in die wir rechts einschwenken. Somit haben wir es in den Ort **Kropfmühl** geschafft. Wenig später biegen wir links in die **Langheinrichstraße** ein und stehen fast augenblicklich vor dem **Graphit Kropfmühl Besucherbergwerk ❹.** Zeit für eine Entdeckerpause!

Graphit Kropfmühl

*Weil der Preis für das vor allem in der Elektronik begehrte **Graphit** auf dem Weltmarkt so stark sank, dass eine Gewinnung in Deutschland nicht mehr rentabel war, ruhte das Bergwerk ab 2006. Nach einer Preiserholung lief der Abbau jedoch 2012 wieder an.*

Die Hauzenberger Gegend ist zwar vornehmlich für ihren Granit bekannt, was nicht heißt, dass es nicht noch andere Bodenschätze gibt. Schließlich wird in Kropfmühl seit 1870 Graphit abgebaut. Seit den 1980er-Jahren können sich Besucher ein genaues Bild der Arbeit vor Ort machen. So gibt's nicht nur ein kleines Museum, nein, es geht sogar unter Tage. Einzelne Stollen sind im Rahmen einer Führung zugänglich. Damit wir die nicht verpassen, informieren wir uns vorab im Internet über die aktuell geltenden Startzeiten, sodass wir unsere Tour daraufhin zeitlich abstimmen können.

Wieder unter freiem Himmel angekommen, radeln wir auf der Langheinrichstraße weiter einmal quer durch den Ort. Nach einem kurzen Wiesenabschnitt passieren wir den Weiler **Ödhof,** in dem wir uns an den Radwegsymbolen orientieren. Wenig später taucht rechter Hand ein kleiner See auf, der **Furtweiher.** Wem an dieser Stelle schon der Magen knurrt, kann im direkt gegenüberliegenden **Fischerstüberl Furtweiher** ❺ einkehren. Dort kommt unter anderem das auf den Tisch, was im hauseigenen Gewässer schwimmt.

Hinter dem Gasthaus mündet unsere Nebenstraße auf die **Staatsstraße** von vorhin. Wir fahren links erst in einen kleinen Parallelweg und wenn dieser endet, direkt auf die Hauptstraße. Somit haben wir **Jahrdorf** erreicht. Hier halten wir uns an der Kreuzung im Ort geradeaus, um der einzigen Radmarkierung zu folgen. Der bleiben wir nun für 4 Kilometer treu. In einer flachen Passage über Wiesen und Felder rollen wir gemütlich dahin. Dabei kommen wir unter anderem an den Dörfern **Renfting, Glotzing** und **Eben** vorbei. Nach 29,8 Kilometern verlassen wir den Radweg für einen kurzen Abstecher. Hier, in **Danglmühle,** nehmen wir an der T-Kreuzung die rechte Abzweigung, die uns zur bereits bekannten Staatsstraße bringt. Links einbie-

Furtweiher

Pinocchio-Turm Hauzenberg

gend, bleiben wir 100 Meter auf dem Teer, um gleich wieder links abzubiegen – hinein in den **Bürgerpark Hauzenberg 6.** Höhepunkt der Anlage ist ein schmucker **Aussichtsturm** aus Holz und Metall. Auf den „Pinocchio", wie das Bauwerk in der Region genannt wird, müssen wir natürlich hochklettern. Von hier oben genießen wir schließlich einen tollen Einblick in den Talkessel der sich vor uns aufbauenden Stadt.

Genuss ist übrigens das richtige Stichwort. Nachdem wir den Park über seinen Parkplatz wieder verlassen haben, müssen wir – erneut auf dem Radweg von vorhin – einen kleinen Hügel erklimmen. In der Mitte des Anstiegs wartet der **Landgasthof Gidibauer 7** auf uns – das kulinarische Highlight des Tages. Schon allein der historische Vierseithof ist eine Schau, das Essen toppt das Ambiente aber noch mal. Zeit sollte hier keine Rolle spielen – schließlich haben wir den Großteil unserer Runde auch schon geschafft.

*„Keep it simple" ist das Motto im **Landgasthof Gidibauer.** Die Familie Ertl, die 1996 das Ruder übernommen hat, besticht mit feinsten Kreationen, bloß eben ohne Schnickschnack. Die natürlichen Zutaten stehen im Rampenlicht – bodenständig und unaufgeregt.*

Nach der Stärkung folgen wir weiter dem Radweg bergauf. Der bringt uns erst zum hinter Bäumen versteckten **Steinbruchweiher Königssee,** später zur **Passauer Straße** am Ortseingang von Hauzenberg, in die wir rechter Hand einschwenken. Damit haben wir den steinernen Höhepunkt unserer Tour erreicht. Konnten wir schon bis hierher immer wieder zum Teil mit Infotafeln versehene Gesteinsbrocken am Wegesrand bewundern, ermöglichen uns die **Steinwelten im Granitzentrum 8** noch einmal viel intensivere Einblicke. In der Besuchereinrichtung gibt's nicht nur eine interaktive Zeitreise in die Erdgeschichte – natürlich mit steinigem Fokus. Es gilt auch, einen alten Steinbruch nebst Weiher im Außenbereich zu bestaunen. Während man durch das Areal schlendert, fangen Zeitzeugen dank Bewegungsmeldern wie aus dem Nichts an, von der einst harten Arbeit zu erzählen.

Nachdem wir nun alle Geheimnisse des Bayerwaldgesteins gelüftet haben, setzen wir zum Schlussspurt an. Hinter den Steinwelten biegen wir links in den **Steinwall** und sofort darauf rechts in den Carossaweg ein. Nach einem Rechtsknick in die **Juliane-Ruck-Straße** und der Geradeaus-Weiterfahrt auf dem **Matheisweg** haben wir das historische Zentrum der Stadt erreicht. Links abbiegend rollen wir auf dem **Markplatz** an der **Pfarrkirche St. Vitus** vorbei, von wo uns der einzige markierte Radweg wieder direkt zurück zum Freudensee bringt. Passendes Wetter vorausgesetzt, springen wir zum Abschluss des Tages noch ins kühle Nass. Übrigens: Dank des **Kiosks** 9 steht auch einem längeren Aufenthalt am See nichts im Weg.

Steinwelten Hauzenberg

Holzfreyung
Bauzing
Tiessenhäusl
Tiessenberg
Berbing
Wotzdorf
Oberdiendorf
Innerhartsberg
Haag
Renfting
Glotzing
Niederbrünst
Leizesberg
Brünststraße
Neustifter Bach
PA 42
St 2132
St 2128
Freudensee
Raßreuth
Passauerstraße
Hauzenberg
Staffelberg
Mühlberg
St 2320
Jahrdorf
Germannsdorf
Kropfmühl
Aubach
PA 40
Haagwies
Pfaffenreut
Oberfrauen-
wald
Geiersberg
Schauerbach
Oberneureuth
Haselberg
Holzlenzenbach
Sonnen
Hirschenberg
Hängerstufbach
Krinning
Keinzlmühlbach
Schauberg
Staffelbach
PA 49
PA 45
Mahd
Ruhmannsberg
Thierham
Haidensäg
Großer Rathberg
PA 44
PA 3
PA 46
Möslberg
Ranna
Kühberg
PA 47
Kasberg

Entspannung ✱✱✱✱✱
Genuss ✱✱✱✱✱
Romantik ✱✱✱✱✱

WIE & WANN:
Die Tour verläuft fast ausschließlich auf wenig befahrenen Nebenstraßen, aufgelockert von kurzen Passagen über Waldwege.
Beste Zeit: Ende April bis Ende Oktober

HIN & WEG:
Auto: Parkplatz am Freudensee, Freudensee 21, 94051 Hauzenberg (GPS: 48.662216, 13.637813)
ÖPNV: Keine ÖPNV-Anreisemöglichkeit für Radfahrer

ESSEN & ENTSPANNEN:
Fischerstüberl Furtweiher ❺ Jahrdorferschacht 3, 94051 Hauzenberg, Tel. (0 85 86) 48 26
Landgasthof Gidibauer ❼ Grub 7, 94051 Hauzenberg, Tel. (0 85 86) 9 64 40, www.gidibauer.de
Kiosk am Freudensee ❾

ENTDECKEN & ERLEBEN:
Freudensee ❶
Flugplatz Sonnen ❷
Waldkapelle Thierham ❸
Graphit Kropfmühl Besucherbergwerk ❹ Langheinrichstraße 1, 94051 Hauzenberg, Tel. (0 85 86) 60 91 47, www.graphit-bbw.de
Bürgerpark Hauzenberg mit Aussichtsturm „Pinocchio" ❻
Steinwelten im Granitzentrum Bayerischer Wald ❽ Passauer Straße 11, 94051 Hauzenberg, Tel. (0 85 86) 22 66, granitzentrum.de

- 55,8 Kilometer
- 380 Höhenmeter
- 5 Stunden
- Strecke

Ilztalbahn

Auf Bahnspuren

Von der Ilz zur Donau

Ein Tag im Zeichen der Bahn: Denn heute erkunden wir nicht nur eine idyllisch im Vorderen Bayerischen Wald gelegene ehemalige Zugtrasse. Nein, wir steigen auch noch in einen ganz besonderen Schienentransport. Dafür starten wir dort, wo uns die heutige Route hinbringen soll – an der Donau. Am **Hauptbahnhof Passau** nehmen wir an einem Wochenendtag im Sommerhalbjahr die Ilztalbahn in Richtung „Woid". Nun können wir für 30 Minuten die Seele baumeln lassen und die Natur genießen.

Die Bahn bringt uns noch innerhalb der Dreiflüssestadt zunächst auf die andere Seite der **Donau.** Danach rollt sie gemächlich durch lichte Wälder, ehe

Zug im Ilztal

kurz hinter **Tiefenbach** der landschaftlich reizvolle Teil beginnt. Ab hier ist der Zug nämlich endgültig ins Tal der **Ilz** eingetaucht. Der Fluss entspringt in den Bayerwaldhochlagen und hat wegen seiner dunklen Farbe den Beinamen „schwarze Perle“ verpasst bekommen. Diese einmalige Naturlandschaft können wir nun richtig auf uns wirken lassen. Während der Fahrt wechseln wir hinter Fischhaus dank der dortigen **Ilzbrücke** aufs Ostufer, an dem wir am Haltepunkt **Kalteneck** schließlich aussteigen.

Erster Tagesordnungspunkt: Ab zur Ilz! Dafür verlassen wir den Bahnsteig rechter Hand, schwenken gleich wieder rechts in die **Hutthurmer Straße** ein und haben die Ilzbrücke kurz darauf quasi schon im Blick. Auf der Brücke nehmen wir einen der letzten wilden Flüsse Bayerns noch mal genau unter die Lupe – und mit so grandiosen Natureindrücken radelt sich's gleich leichter los. Hinter der Brücke biegen wir rechts in die **Allmunzener Straße** ein. Orientierung gibt uns auf dem Großteil unserer Tour von hier aus der bestens markierte **Donau-Ilz-Radweg** ①. Er verläuft, wie das Motto

*Die **Ilztalbahn** verkehrt nur im Sommerhalbjahr – und dann auch nur an Samstagen, Sonntagen und Feiertagen. Das liegt daran, dass die Linie ehrenamtlich betrieben wird. Der organisierende Verein kämpft seit Jahren für eine komplette Reaktivierung der Strecke.*

Ilz bei Kalteneck

Für die Seele

Es ist ein Tag zum Treibenlassen. Meist locker rollend, erleben wir hautnah die Bahnhistorie der Region. So macht Geschichtsunterricht richtig Spaß!

Markierung des Donau-Ilz-Radwegs

des Tages vermuten lässt, auf einer ehemaligen Bahntrasse. Einst rollten nämlich auch hier Güter- und Personenzüge auf der Vorwaldstrecke. Seit der Jahrtausendwende ruht der Verkehr aber endgültig, sodass 2006 auf derselben Trasse der beliebte Radfernweg eröffnet werden konnte.

Die ersten 150 Meter nach der Brücke haben wir die Ilz noch im Blick – ebenso die **stillgelegte Bahnbrücke.** Dann verabschieden wir uns aber schon vom Fluss, indem wir linker Hand einen Berg hinauffahren. Gleich am Anfang erwartet uns das anstrengendste Teilstück unserer Tour. Von 330 Metern über dem Meeresspiegel erklimmen wir auf den ersten 8,5 Kilometern Straße und Radweg eine Höhenlage von 520 Metern. Sprich: Es geht beständig bergauf, die Steigung ist aber trotzdem eher gemächlich.

Die Natur um uns herum entschädigt uns dabei für die nötige Beinarbeit: Es geht in einem kleinen Bachtal durch schattige Wälder bergauf. Erst am Ende des Anstiegs wird die Landschaft um uns herum immer lichter, Waldstücke wechseln sich hier dann immer öfter mit Wiesen und Feldern ab. Während der Fahrt passieren wir ein paar kleine Weiler und ehemalige Mühlen, lassen größere Ortschaften aber weitestgehend links liegen. Erst am Ortsrand von **Roitham** sehen wir erstmals wieder eine richtige Ansammlung

Geschichts- und Verweilplatz

Granit zählte im Dreiburgenland lange zu den wichtigsten Einnahmequellen. Das Gestein aus Quarz, Feldspat und Glimmer wurde Anfang des 20. Jahrhunderts hauptsächlich über die Bahn abtransportiert. Die Bedeutung der Steinbrüche hat mittlerweile stark abgenommen.

von Häusern. Wenige Hundert Meter später erreichen wir schließlich den Markt **Tittling,** den höchstgelegenen Punkt des Tages.

Im Ort queren wir die **Passauer Straße** und erreichen das ehemalige Bahnhofsareal, von dem aber nur noch versteckte Spuren übrig sind. Westwärts verlassen wir Tittling wieder – mit der Gewissheit: Ab jetzt geht es talwärts – und zwar fast nur noch auf asphaltiertem Boden! Es folgen zwar noch ein paar kleine Anstiege, in der Summe haben wir aber fast nur noch flache oder abfallende Passagen vor uns. Zunächst kreuzen wir die **Bundesstraße 85,** die in einem Tunnel unter uns verläuft, und machen nach einer längeren Linkskurve bei **Hötzendorf** die erste größere Rast des Tages. Nach dem anfänglichen Anstieg haben wir uns das wahrlich verdient.

Hier, am Standort des ehemaligen Steinbruchs Rieger & Seil, hat der Tourismusverein Dreiburgenland einen **Geschichts- und Verweilplatz ❷** angelegt. Eingerahmt wird unser Rastplatz von einer aufwendig sanierten, 170 Meter langen Steinmauer. Blickfang ist jedoch eine schmucke Graniteisenbahn. Der Miniaturzug passt nicht nur zum Motto des Tages, sondern ist auch

Einst Bahntrasse, jetzt Radweg

ein tolles Fotomotiv. Rundherum können wir uns an vielen Infotafeln noch über die Geschichte des Granitabbaus sowie die Bahnhistorie informieren. Besonders beeindrucken hier die vielen historischen Bilder.

Frisch ausgeruht machen wir uns an die Weiterfahrt, schließlich haben wir noch einiges an Kilometern vor uns. Vorerst bleibt's beim lockeren Mix aus lichten Wäldern und saftigen Wiesen. So begleitet, radeln wir gemütlich weiter auf dem Donau-Ilz-Radweg, vorbei an den Ortsrändern von **Fürstenstein** und **Unterpolling.** Der nächste geschichtsträchtige Ort, die **Totenwiese,** lässt uns eine Weile ganz still werden: Auf einer Infotafel erfahren wir, dass hier am Ende des Zweiten Weltkriegs viele Häftlinge, die mit dem Zug ins Konzentrationslager Dachau gebracht werden sollten, ums Leben kamen. Wenige Meter später, am ehemaligen Bahnhof von Nammering, folgt noch ein großes **KZ-Mahnmal** mit weiteren Informationen zu den schrecklichen Ereignissen.

Kilometerstein am Wegrand

KZ-Mahnmal

Nach dieser nachdenklich stimmenden Outdoor-Geschichtsstunde geht's weiter gen Westen. Wir verlassen Nammering, um gut 1,5 Kilometer später an Stolzing vorbeizuradeln, ehe wir den Bach Kleine Ohe überqueren. Weniger später passieren wir ein Schotterwerk und erreichen das **Bahnhofsareal von Eging am See,** wo wir noch mal ein paar alte Bilder zur Bahngeschichte bestaunen können. Genau 22 Kilometer haben wir beim Überqueren der **Grafenauer Straße** schon in den Beinen. Wer an einem sonnigen Sommertag eine kurze Erfrischung braucht, biegt kurz rechts ab und springt, den zugehörigen Markierungen folgend, in den **Eginger See.** Dafür sind für Hin- und Rückweg insgesamt gut 2 Kilometer Umweg einzuplanen. Alle anderen radeln einfach geradeaus auf dem Radfernweg weiter.

So verlassen wir Eging und rollen nach der Kleinen nun auch über die **Große Ohe,** die an dieser Stelle die Grenze der Landkreise Passau und Deggendorf markiert. Wenig später erreichen wir die Ortschaft **Außerrötzing,** wo uns eine kleine Feldkapelle erwartet. Zudem können wir hier in **Luise's Bahnhofstüberl** ❸

*Fans von Cowboys, Indianern & Co. kommen in der Westernstadt **Pullman City** voll auf ihre Kosten. Der Freizeitpark bei Eging am See bietet Shows, Musik, authentische Übernachtungen und jede Menge Gastroglück.*

Bahnhofsstüberl

gemütlich einkehren. Das Lokal ist, wie es der Name schon sagt, im alten Bahnhofsgebäude untergebracht und dank vieler Radständer und Biergarten bestens auf uns eingestellt. Außerdem markiert es fast die Hälfte der Strecke, weshalb eine Stärkung hier durchaus angebracht ist.

Nach der Rast radeln wir an den Rand des **Naturschutzgebietes Nadelwälder zwischen Außernzell und Jederschwing ④,** welches uns ein paar imposante Natureinblicke ermöglicht. Dahinter wird die Landschaft wieder offener. Wir erreichen ein kleines Bachtal, das uns leicht ansteigend auf den Markt **Schöllnach** bringt, wo wir mittlerweile schon etwas über 30 Kilometer in den Beinen haben.

Nun radeln wir endgültig Richtung Donautal. Ein kleiner Hügel durch das letzte größere Waldgebiet des Tages bringt uns von Schöllnach in die Nachbargemeinde **Iggensbach.** Dort passieren wir am Ortsrand wieder ein altes Bahnhofsareal, ehe uns der Donau-Ilz-Radweg für ein kurzes Teilstück in Hörweite der Autobahn 3 bringt. Dank leicht abschüssigem Terrain rollen wir dabei wie von selbst an den Orten **Holling** und **Schwanenkirchen** vorbei. Nach etwas über 41 Kilometern Gesamtstrecke erreichen wir schließlich den Markt **Hengersberg.** Von hier an wird es komplett flach.

Der Donau-Ilz-Radweg mündet in die **Schwanenkirchener Straße,** wo wir dem Fernradweg adieu sagen und linker Hand abbiegen. Kurz darauf halten wir uns rechts, um auf einen markierten Radweg parallel zur **Industriestraße** zu fahren. Hier überqueren wir ein noch aktives Nebengleis der alten Bahntrasse, das über Deggendorf im Güterverkehr immer noch ein großes Sägewerk mit Material versorgt. Im Anschluss bringt uns eine Brücke über die **A3.** Kurz vor der **Staatsstraße 2125** biegt der Radweg links ab, um circa 2,5 Kilometer in direkter Nähe zur Straße zu verlaufen.

Später führt uns der markierte Radweg an einer **Kiesgrube** nach links, um uns an den Ortsrand von **Winzer** zu bringen, wo wir, den Radmarkierungen folgend, links in die **Hauptstraße** ein- und sofort wieder rechts abbiegen. Die Nebenstraße **Aufeld** bringt uns

Donau-Ilz-Radweg

Gemütlicher Rastplatz

zurück zur Staatsstraße, die wir queren, um dahinter linker Hand in einen neuen Radfernweg einzubiegen, den **Donau-Radweg.** Nun wird's nass, zumindest bildlich. Erst fahren wir über die Hengersberger Ohe und schließlich über den größten Fluss Bayerns, die **Donau.** Auf der Brücke über den Strom machen wir kurz halt, um das sanfte Wasser zu bestaunen. Es wird nicht das letzte Mal bleiben.

Nach der Brücke geht's, dem Donau-Radweg folgend, rechts ab. Ein paar gemütlich rollende Meter später kommen wir dem Fluss wieder ganz nah. Es ist sogar eine ganz besondere Stelle, die wir hier vor Augen haben. Die **Mühlhamer Schleife ⑤** ist eine 180-Grad-Kurve des Gewässers, die als eines der letzten frei fließenden Stücke der bayerischen Donau gilt. Wir radeln immer am Ufer entlang an den Rand der Ortschaft **Mühlham** und setzen uns in den Biergarten des **Mühlhamer Kellers ⑥.** Hier genießen wir die wilde Wasserstimmung und können uns noch mal stärken.

Zurück geht's in entgegengesetzter Richtung auf der parallel zum Radweg verlaufenden Straße. Sie bringt uns zu einem **Kreisverkehr,** an dessen Einmündung wir auf der linken Seite in einen Radweg einbie-

!

*Auf beiden Seiten der Donau verläuft auf nahezu kompletter Länge der **Donau-Radweg:** von Donaueschingen in Baden-Württemberg bis zum Donaudelta am Schwarzen Meer. Damit ist er knapp 2900 Kilometer lang.*

gen, der uns dank Unterführung geradeaus durch den Kreisel bringt. Nun rollen wir parallel zur **Mühlhamer Straße** direkt auf die Stadt **Osterhofen** zu. Immer geradeaus fahrend, erreichen wir die **Plattlinger Straße,** in die wir links einbiegen. So erreichen wir die Altstadt mit dem **Stadtplatz.** Am Ende des historischen Ortskerns biegen wir rechts in die **Bahnhofsstraße** ab, auf der wir die Gleise überqueren, um direkt dahinter rechts zum **Bahnhof** abzubiegen. Von hier bringt uns der Donau-Isar-Express der Deutschen Bahn, der in regelmäßigen Abständen verkehrt, zurück zum Ausgangspunkt. Auch dieser Streckenabschnitt liegt oft ganz nah am Wasser. Gerade zwischen Vilshofen und Passau verläuft die Trasse in direkter Donaunähe. Und wer am Ende des Tages noch nicht genug von kühlen Ausblicken hat, der sollte in Passau unbedingt noch an der **Ortsspitze** vorbeischauen.

*Die Dreiflüssestadt **Passau** verdankt ihren Namen der Donau, der Ilz und dem Inn. Die drei Flüsse treffen sich an der Ortsspitze. Auf einer Bank des kleinen Parks lassen sich oft wahre Farbenspiele erleben, weil jeder Fluss unterschiedlich gefärbt ist.*

Mühlhamer Keller mit Donaublick

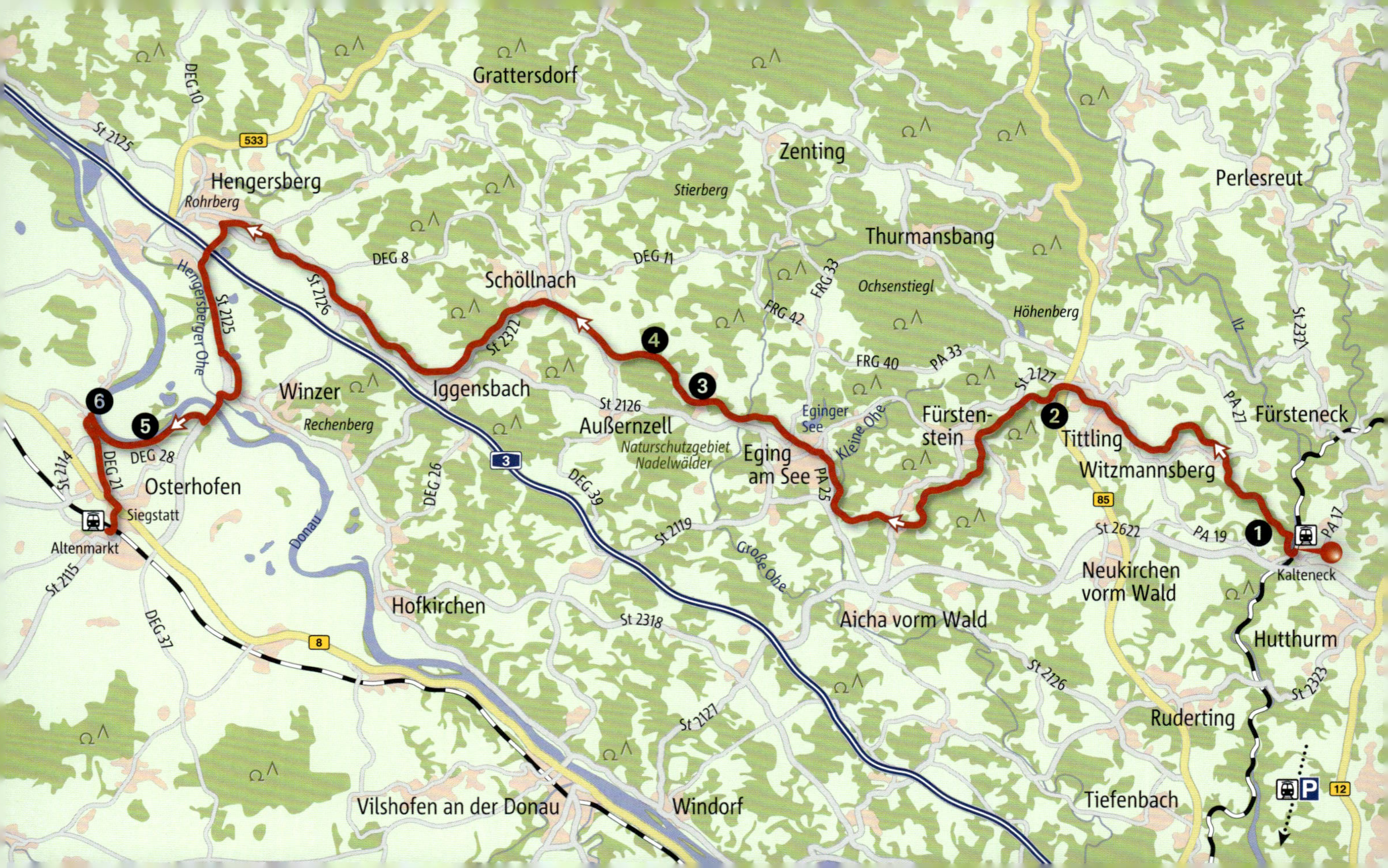

Grattersdorf
Zenting
Perlesreut
Hengersberg
Rohrberg
Stierberg
Thurmansbang
Schöllnach
Ochsenstiegl
Höhenberg
Winzer
Rechenberg
Iggensbach
Außernzell
Naturschutzgebiet Nadelwälder
Eging am See
Eginger See
Kleine Ohe
Fürsten-stein
Tittling
Witzmannsberg
Fürsteneck
Ilz
Kalteneck
Neukirchen vorm Wald
Aicha vorm Wald
Hutthurm
Ruderting
Tiefenbach
Osterhofen
Siegstatt
Altenmarkt
Hofkirchen
Vilshofen an der Donau
Windorf
Donau
Große Ohe
Hengersberger Ohe

Entspannung ✱✱✱✱✱
Genuss ✱✱✱✱✱
Romantik ✱✱✱✱✱

WIE & WANN:
Der überwiegende Teil der Route verläuft über asphaltierte Radwege ohne gleichzeitigen Autoverkehr. Bis Tittling fährt man auf einem geschotterten Forstweg. Gerade am Ende der Tour folgen kleinere Passagen über öffentliche Straßen.
Die Tour funktioniert in dieser Form nur an Fahrtagen der Ilztalbahn im Sommerhalbjahr, in der Regel von Anfang Mai bis Mitte Oktober am Wochenende sowie an Feiertagen.
Bitte vorab unter www.ilztalbahn.eu über aktuelle Fahrpläne informieren.
Fahrpläne für die Rückfahrt gibt's unter www.bahn.de.
Beste Zeit: Anfang Mai bis Mitte Oktober am Wochenende sowie an Feiertagen

HIN & WEG:
Auto: Parkhaus am Hauptbahnhof Passau, Bahnhofstraße 40, 94032 Passau (GPS: 48.574367, 13.446453)
ÖPNV: Hauptbahnhof Passau als Haltepunkt des Regional- und ICE-Verkehrs sowie direkt angrenzender Zentraler Omnibusbahnhof (ZOB) in Passau mit Anschluss an Stadt- und Regionallinien

ESSEN & ENTSPANNEN:
Luise's Bahnhofstüberl ❸ Steinreuterweg 2, 94532 Außernzell, Tel. (0 85 44) 9 72 02 20
Mühlhamer Keller ❻ Mühlham 18, 94486 Osterhofen, Tel. (0 99 32) 16 92, www.muehlhamer-keller.com

ENTDECKEN & ERLEBEN:
Donau-Ilz-Radweg ❶ www.donau-ilz-radweg.de
Geschichts- und Verweilplatz ❷
Naturschutzgebiet Nadelwälder zwischen Außernzell und Jederschwing ❹
Mühlhamer Schleife ❺

- 27,8 Kilometer
- 790 Höhenmeter
- 3,5 Stunden
- Rundtour

Sonniger Wald

Die Weite am Brotjacklriegel

Lasst uns den Sonnenwald erkunden! Die oftmals etwas stiefmütterlich behandelte Bayerwaldecke hat einiges zu bieten. Dafür starten wir im Ortszentrum von **Zenting –** und somit noch im Landkreis Freyung-Grafenau. Auf der **Deggendorfer Straße** machen wir uns auf in Richtung Westen und können bald erstmals den Hausberg des Sonnenwaldes bestaunen. Der Brotjacklriegel türmt sich noch in einiger Entfernung vor unserem Auge auf. Doch ja: Da geht's heute noch hoch. Erst mal lassen wir am Boden aber noch einige Häuser und ein großes Firmengelände an uns vorbeiziehen, ehe wir dem Ort den Rücken kehren.

Bevor die **Staatsstraße 2322,** auf der wir nun unterwegs sind, außerorts in einem Linksknick das erste Mal in den Wald hinein verschwindet, mündet rechter Hand ein Radweg in die Straße. Diese Stelle passieren wir auf dem Rückweg erneut. Nun jedoch bleiben wir auf dem Asphalt, um in einem Wiesen-Wald-Mix in gemächlichen Kurven die ersten 120 Höhenmeter des Tages zu absolvieren. Dabei überqueren wir auch die Grenze zum Landkreis Deggendorf. Nach rund 2,5 Kilometern haben wir in **Simmetsreut** den ersten Anstieg des Tages gemeistert und können uns nun auf eine entspannende Flachetappe freuen. Dafür durchfahren wir den Ort geradeaus.

Etwas abseits der stärksten Touristenströme hat sich die Region ***Sonnenwald*** *einen ursprünglichen Charme erhalten. Das Gebiet direkt über dem Donautal umfasst die Gemeinden Grattersdorf, Innernzell, Schöfweg, Schöllnach und Zenting.*

Jetzt liegen einige Kilometer offene Landschaft vor uns, in die sich zahlreiche idyllische Dörfer einfügen. Weil wir hangparallel unterwegs sind, können wir an einigen Stellen tolle Fernblicke genießen. Aufpassen heißt es in **Riggerding.** Hier verlassen wir den markierten Radweg und somit die Staatsstraße, um im Dorfkern kurz vor der Kirche rechter Hand in die **Kreisstraße DEG 30** einzubiegen. Ab hier lässt der ohnehin schon ruhige Verkehr noch einmal nach, was uns das Genießen der Landschaft erleichtert.

Wir radeln gemütlich geradeaus dahin, durchqueren **Ilgering** und **Hof,** was uns direkt an den Ortsrand von **Winsing** bringt. Hier biegen wir rechts in die **Kreisstraße DEG 16** ein, die zugleich ein markierter Radweg ist, welchem wir nun ein gutes Stück folgen. Dafür geht's am Ortsende rechts den Berg hoch. Schwitzen ist angesagt, denn einer der beiden längeren Anstiege des Tages liegt vor uns. Wieder recht kurvig fahren wir über die Straße an Wiesen, Feldern und Wäldern vorbei hinauf nach **Kralling,** wo wir uns rechts halten, um wenig später an **Ebenöd** vorbeizustrampeln. Der zweite Teil des Anstiegs ist wieder recht sonnig und führt uns direkt zum Parkplatz des **Skilifts Kerschbaum.** Hier verlasen wir den Radweg, um links ins Dorf einzubiegen.

Am dritten Gebäude rechter Hand machen wir Pause, die kleine **Leonardi-Kapelle** ❶ müssen wir uns schließlich genauer ansehen. Mehr Grund zur Rast gibt ein Anwesen oberhalb derer: Der **Gasthof zum Büchelstein** ❷ nebst Biergarten lädt durstige und hungrige Radler gern zum Verweilen ein. Bevor wir uns abermals in den Sattel schwingen, sollten wir noch auf dem erhöht liegenden Dorfplatz auf der gegenüberliegenden Straßenseite einen Stopp einlegen. Hier können wir schon erahnen, welche Ausblicke uns die beiden folgenden Gipfel noch liefern werden. Zum ersten davon ist's auch gar nicht mehr weit.

Voller Vorfreude fahren wir am **Feuerwehrhaus** links, dem Schild nach **Oberaign** folgend. 80 waldige Höhenmeter später haben wir den schnuckeligen Weiler schon erreicht. An der Schranke fahren wir gekonnt vorbei, nur Autos sind ab hier nicht mehr willkommen. Gut 0,5 Kilometer später über kiesigen

Der bekannte, leckere Eintopf namens ***„Pichelsteiner"*** *besteht aus verschiedenen Fleisch- und Gemüsesorten. Er ist wahrscheinlich nahe dem Büchelstein entstanden. Hier kochte Wirtin Augusta Winkler das Gericht schon Mitte des 19. Jahrhunderts.*

Für die Seele

Abseits großer Touristenströme machen wir uns auf Erkundungstour im sonnigen Vorwald. Kleine Orte und große Blicke ziehen uns in ihren Bann.

Kapelle in Kerschbaum

Büchelstein

Zwischen Büchelstein und Langfurth

Untergrund rollen wir auf eine offene Lichtung. An deren Rand liegt der erste richtige Aussichtspunkt des Tages, der 832 Meter hohe **Große Büchelstein ③.** Wir lassen uns auf einer der Bänke mit Gipfelkreuzblick nieder. Welch grandioses Panorama! Unsere Augen schweifen dank der breiten Felsformation über die Donauebene. Bei guter Thermik stürzen sich vielleicht sogar ein paar Drachenflieger von der Rampe aus über die steile Klippe in die Tiefe.

Wenn unser Entschleunigungsakku es wieder zulässt, schwingen wir uns abermals aufs Rad. Zunächst geht's zurück nach **Oberaign.** Hier halten wir uns an der Schranke links, um in einen Waldweg einzuschwenken. Ab diesem Punkt der Tour wird's mit der Orientierung ganz einfach. Bis zum Ende unserer Route folgen wir der südlichen Trasse der **Trans Bayerwald.** Der Fernradweg ist bestens markiert – mit einem stilisierten Kettensymbol. Die anfängliche Flachetappe gibt uns nochmals die Chance, unsere Kraftreserven zu schonen.

Nachdem wir unter dem **Feriendorf Sonnenwald** vorbeigefahren sind, biegen wir für die letzten Meter im Landkreis Deggendorf linker Hand auf die **Kreisstraße DEG 9** ein. Den Parkplatz des Steinberglifts hinter uns lassend, sind wir im Nu zurück auf Freyung-Grafenauer Gebiet. Vor uns liegt eine Kreuzung nebst großem Wanderparkplatz, die wir geradeaus überfahren, um gleich dahinter am **Hotel Langfurther Hof** rechts in den **Brotjacklriegelweg** zu fahren. Der letzte längere Anstieg des Tages beginnt. Für 1 Kilometer geht's dafür am oberen Ende des Dorfes **Langfurth** vorbei an weiteren Liftanlagen auf den nächsten Wanderparkplatz zu. Hier angekommen, biegen wir rechts in den Wald ab.

Wenn wir einen **Funkturm** erspähen, können wir uns sicher sein, dass wir die finalen 80 Höhenmeter im schattigen Wald fast zur Gänze absolviert haben. Nur wenige Pedaltritte stehen dem Gipfelglück noch im

Bergmaskottchen „Jackl“

Aussichtsturm am Brotjacklriegel

Weg. Und sogleich können wir uns gratulieren, schließlich haben wir nun den 1010 Meter hohen **Brotjacklriegel** **4** bezwungen. Hier liegt uns die Welt zu Füßen! Zwei Dinge gibt's an diesem überwältigenden Ort zu tun: Zum einen müssen wir unbedingt den hölzernen Aussichtsturm erklimmen, von dessen Plattform wir ein 360-Grad-Panorama über den Bayerwald genießen können. Und dann geht's natürlich noch ins zünftige **Turmstüberl** **5** **–** oder auf dessen Terrasse. Belohnung muss sein!

Missverständnisse bei der Namensgebung: Der Bergrücken, in der Region oft „Riegel“ genannt, war wohl einfach nur breit – „broad“. Doch die Landvermesser aus der Ferne machten aus dem breiten Jägerriegel mangels Dialektkenntnis den ***Brotjacklriegel.***

Früher oder später müssen wir uns wieder von diesem grandiosen Ort lösen und uns wohl oder übel auf den Rückweg machen. Erst einmal geht's auf derselben Trasse zurück zum letzten **Wanderparkplatz.** Hier biegen wir nun aber rechts ab. Wie erwähnt, schenkt uns immer noch die Trans Bayerwald beste Orientierung durch das anstehende Waldstück. Nach 20,6 Kilometern wird's erneut ein bisschen schwierig, hier endet nämlich der kiesige Untergrund. Gut 800 wurzelige und steinige Meter Richtung Tal folgen. Wer sich hier unsicher ist, steigt lieber ab und schiebt. So oder so: Wir kommen an den Ortsrand von **Ölberg,** wo wir sogleich links in den Wald hinein abbiegen. Es folgt ein einfaches Stück Waldweg nach **Daxstein,** wo wir kurvenreich über Nebenstraßen weitere Höhenmeter verlieren.

Die Trans Bayerwald führt uns anschließend ein letztes Mal auf schmale Wege in den Wald. Gerade in der Nähe des Ortes **Mahd** halten wir die Augen offen, da der Radweg oft abzweigt. Hier sollten wir auf unsere Orientierung achten. Wer aufmerksam ist, kommt schließlich am Ortsrand von **Zenting** wieder auf den uns bereits bekannten Straßenabschnitt zurück zum Startpunkt. Und weil wir heute so fleißig waren, haben wir uns noch eine letzte Einkehr verdient. Nur wenige Meter vor unserem Auto lockt rechter Hand der **Landgasthof Kammbräu ❻,** der für sein authentisch bayerisches Flair bekannt ist.

Fernsicht am Aussichtsturm

Langfurth
Haunstein
Sturmriegel
Sonnenwald
Aschenstein
Brotjackl-
riegel
Daxstein
Mittlerer Daxstein
Oberaign
Kleiner
Aschenstein
Geißlstein
Liebmannsberg
Unterer
Daxstein
Kerschbaum
Büchelstein
Ölberg
Daxsteiner Bach
Steinhofer Bach
Schöllnach
Fradlberg
Gerner Graben
Gern
Ebenöd
Mahd
Kralling
Fradlberger Bach
Linaweg
Renzlinger Mühlbach
Thann
Bradlberg
Renzling
Steinach
Kleine Ohe
Geßling
Predling
Winsing
Ilgering
Simmetsreut
Zentinger Bach
Zenting
Riggerding
Gerading
St 2134
FRG 29
DEG 9
DEG 27
DEG 16
DEG 30
St 2322
FRG 31
P
1
2
3
4
5
6

Alles auf einen Blick

Entspannung ★★★☆☆
Genuss ★★★★☆
Romantik ★★★☆☆

WIE & WANN:
Auf der ersten Hälfe nahezu nur Nebenstraßen, später ein Mix aus Straße, festem Forstweg und losem Waldweg. Einige kürzere Bergabpassagen sind recht wurzelig und steinig.
Beste Zeit: Ende April bis Ende Oktober

HIN & WEG:
Auto: Parkplatz gegenüber Deggendorfer Straße 3, 94579 Zenting (GPS: 48.792274, 13.258254)
ÖPNV: Keine ÖPNV-Anreisemöglichkeit für Radfahrer

ESSEN & ENTSPANNEN:
Gasthof zum Büchelstein ❷ Kerschbaum 29, 94541 Grattersdorf, Tel. (0 99 08) 2 24
Turmstüberl Brotjacklriegel ❺ Brotjacklriegel 1, 94572 Sonnenwald, Tel. (01 71) 3 25 60 55
Landgasthof Kammbräu ❻ Bräugasse

ENTDECKEN & ERLEBEN:
Leonardi-Kapelle in Kerschbaum ❶
Großer Büchelstein ❸
Brotjacklriegel mit Aussichtsturm ❹

Arberblick

- 26,8 Kilometer
- 580 Höhenmeter
- 2,5 Stunden
- Rundtour

Diese Runde verdeutlicht uns, dass eine Region an Staatsgrenzen nicht haltmacht. Geografisch betrachtet, war das Mittelgebirge, in dem wir unterwegs sind, schon immer der Böhmerwald. Nur politische Gedankenspiele haben das grüne Dach Europas geteilt und so den Bayerischen Wald als Begriff erst geschaffen. Heute allerdings bewegen wir uns nur ganz kurz auf bayerischem Grund: Denn Radlglück findet man auch im benachbarten Tschechien. Los geht's dafür passenderweise direkt am **Grenzbahnhof von Bayerisch Eisenstein.** Kein anderes Gebäude verdeutlicht, wie eng die Menschen hier miteinander verwachsen sind, verläuft die Landesgrenze doch mitten durch das imposante Steinmonument hindurch.

Am 2. Juni 1991 rückte Bayerisch Eisenstein einen Tag lang in den Blick der großen Welt. Bundeskanzler Helmut Kohl und Tschechiens Premierminister Petr Pithart gaben damals vor Tausenden jubelnden Zuschauern den ***grenzenlosen Bahnverkehr*** *wieder frei.*

Eiszeitstimmung

Über den Schwarzen See zum Panzer

Zunächst rollen wir einmal komplett am mächtigen Gebäude auf der den Gleisen abgewandten Seite vorbei. Dabei passieren wir bereits die **Landesgrenze ❶.** Wo einst bewaffnete Posten, Stacheldraht und Co. ein Durchkommen verhinderten, thront heute nur noch ein schlichtes Schild. Ohne dieses hätten wir gar nicht gemerkt, dass wir eine Grenze überschritten haben. Kurz vorm Ende des Bahnhofsgebäudes zweigt der markierte Radweg schließlich links ab, hinunter zur **Řezná,** wie der Große Regen in Tschechien heißt, die wir sogleich überqueren, um an der nächsten Gabelung rechts in deren breites Flusstal einzuschwenken. 1 Kilometer lang folgen wir dem **Iron Curtain Trail,** vorbei an Alžbětín. Am Ende des Orts teilt sich der Radweg, wir halten uns links, um quasi sofort im Anschluss rechts auf die **Landstraße 27** zu rollen.

Řezná

Nun fahren wir uns im flachen Terrain langsam ein. Auf der Hauptstraße durchqueren wir zunächst eine Bahnbrücke, passieren dahinter noch mal ein paar Häuser. Dabei können wir immer noch tolle Einblicke in das weite Grenztal genießen. Ein Sportplatz nach abermaliger Gleisunterquerung, bereits 2,8 Kilometer in den Beinen, sagt uns, dass wir den Rand von **Železná Ruda,** dem Markt Eisenstein, erreicht haben. So rollen wir direkt in einen Kreisverkehr, den wir an der dritten Ausfahrt auf die **Špičácká** verlassen. Nun geht's nordwärts durch den Ort, wobei wir wieder auf die Trasse des Iron **Curtain Trail** kommen, der wir bis zum traumhaften Černé jezero (zu Deutsch: Schwarzer See) folgen. Erst mal geht's aber nach 3,6 Kilometern links

Für die Seele

Wir radeln grenzenlos ins Böhmische! Bei der tollen Landschaft fühlen wir uns wahrlich beseelt, dass die Geschichte manchmal auch Grenzen einreißt.

in einen Weg ab. Hier kommen wir an einem Rastplatz vorbei, hinter dem es links auf eine wenig frequentierte Nebenstraße geht.

Danach steigt unser Weg, der hinter der Zugtrasse rechts abzweigt, langsam an. Über Wiesen und Felder erreichen wir den Ort **Špičák.** Erst noch etwas abseits der Häuser, durchqueren wir die verteilt liegende Siedlung bis zum Dorfkern, in dem unser Radweg links in Richtung **Bahnhof** abzweigt. Dahinter können wir rechter Hand die ersten beiden Skilifte des Tages erspähen. Für uns heißt das: rechts hoch! Ab jetzt wird's steil. 100 recht knackige Höhenmeter, erst an Wiesen entlang, später im Wald, liegen vor uns. Nach 6,7 Kilo-

Schwarzer See

metern haben wir das Gröbste geschafft und biegen links in die Hauptstraße ein.

Die **Landstraße 190** bringt uns in einem scharfen Rechtsknick direkt zum vorerst höchsten Punkt. Hier können wir uns im Restaurant des **Hotels Karl ❷** erst einmal stärken. Hinter dem Wirtshaus geht's links zum dazugehörigen Parkplatz, hinter dem Autos nicht mehr erwünscht sind – Fahrräder aber schon. Und so beginnt einer der erholsamsten Abschnitte des Tages. Fast 4 Kilometer lang rollen wir in nahezu ebenem Gelände durch einen Schatten spendenden Wald. Und nach etwas über 11 Kilometern und einer letzten kurzen Steigung haben wir das Eiszeit-Highlight des Tages erreicht, den **Černé jezero ❸.**

Am **See** steigen wir von den Rädern und machen es uns gemütlich. Der traumhaft von einer mächtigen Felswand eingerahmte See ist ein Relikt der letzten Kaltzeit. Dass sich die Wälder hier, wie am südlich gelegenen Teufelssee, so natürlich entwickeln können, ist dem Fakt zu verdanken, dass das Gebiet seit Anfang des 20. Jahrhunderts unter Naturschutz steht. Damals gehörte die Gegend noch zu Österreich-Ungarn. Heu-

***Gletscher** gibt's nicht nur in den Alpen. Auch im Böhmerwald gab's während der letzten Eiszeit einige Gletscher, von denen noch Spuren zu sehen sind. Die offensichtlichsten sind die Gletscherseen. Bekanntester auf deutscher Seite ist der Große Arbersee.*

te ist der See ein wahrer Kraftort. Wir lassen unsere Seele am kühlen Nass baumeln und können kaum glauben, dass dieses Juwel wegen seiner Lage in direkter Grenznähe einst jahrzehntelang für Menschen nicht zugänglich war. Das hat sich zum Glück geändert.

Nach unserem ausgiebigen Naturgenuss schwingen wir uns zurück in den Sattel. Erst mal geht's zurück zum **Hotel Karl,** wo wir noch mal eine Chance zur Einkehr haben. Falls uns nicht danach ist, überqueren wir die **Landstraße 190** geradeaus in eine Nebenstraße hinein. Nun wird's langsam wieder anstrengend. Erst leicht ansteigend, lassen wir rechter Hand zwei weitere Lifte an uns vorbeiziehen, ehe es im Wald dann richtig steil wird. Wenn sich die Landschaft wieder öffnet, erreichen wir zwei große Hotelkomplexe, an denen wir vorbeistrampeln, um auf Höhe des Hotels **Bytový Dům Špičák** links in eine Forststraße einzubiegen. Dabei folgen wir dem Radweg mit der Nummer 2100.

Süße Knödel im Hotel Karl

Im Wald konzentrieren wir uns erst mal aufs Bergankommen. 75 Höhenmeter nach dem Hotel erreichen wir eine Gabelung, an der wir uns rechts halten und so die 2100er-Markierung links liegen lassen. Kurz darauf fahren wir unter einem historisch anmutenden Einser-Sessellift hindurch. Diese Stelle sagt uns, dass wir den Großteil der Steigung gemeistert haben. Ab jetzt geht's immer an der Lifttrasse entlang hinauf zum höchsten Punkt. Der 1214 Meter hohe Berg **Pancíř ④**, zu Deutsch Panzer, ist der Panoramaknüller des Tages.

*Nahezu die komplette Tour sind wir im **Landschaftsschutzgebiet Šumava** unterwegs. Das 1963 gegründete Gebiet ist fast so groß wie die Insel Teneriffa. Kern des Areals ist der 1991 ausgewiesene Nationalpark, den wir heute nur aus der Ferne zu Gesicht bekommen.*

Das Wieder-zu-Kräften-Kommen kombinieren wir mit dem puren Šumava-Genuss, um den Böhmerwald in Landessprache anzusprechen. So lassen wir unsere Augen von Waldwoge zu Waldwoge schweifen und nehmen die Aussicht einfach in uns auf. Ein super Fotomotiv ist eine einsam herumstehende Holztür mit der Aufschrift „We love Šumava". Ja, bei dem Ausblick können wir diesen Satz unterschreiben. Wer sich an der Stelle kulinarisch stärken will, macht noch einen Stopp im **Gipfelrestaurant ⑤**. Panorama en masse bietet schließlich auch noch unsere Abfahrt. Während wir beim Hochstrampeln dafür keine Muße hatten, können wir uns auf der Rückfahrt auf derselben Trasse an der Bergkulisse kaum sattsehen. An den Hotels am Hochsattel angekommen, geht's auf bisher unbefahrenen Wegen links weiter.

In einer kurzen Flachetappe fahren wir durch ein kleines Waldstück, ehe wir auf einer Lichtung das **OREA Resort Horizont Šumava** erreichen. 200 Meter nach dem Hotel halten wir uns an einer großen Gabelung rechts. Nun beginnt der rasante Teil des Tages, denn wir haben 3,5 Bergabkilometer durch mystische Wälder bis zum Ortsrand von **Železná Ruda** vor uns. Auf festen Wegen düsen wir vor allem an Nadelbäumen vorbei, die an einigen Stellen noch sehr jung sind. Wer ab und zu stehen bleibt und dem Wind lauscht, kann erahnen, warum der – oder korrekt übersetzt – die Šumava wortwörtlich eigentlich „die Rauschende“ heißt.

Ziemlich am Ende der Abfahrt tauchen linker Hand abermals Skilifte auf, gefolgt vom nächsten großen Hotel, dem **Hotel a Pivovar Belvedér.** Auf dessen Zufahrtstraße abwärts rollend, sind wir im Handumdrehen im Ort. Hier biegen wir an der ersten Gabelung links auf die **Belvederská** ein. Dieser Straße folgen wir an einem quadratischen Museumskomplex vorbei bis zur Mündung auf die **Landstraße 27.** Hier können wir links die **Pfarrkirche Mariä Hilf vom Stern** erspähen. Unsere Route führt uns aber geradeaus weiter, rein in die

Pancíř

Radweg zum Grenzbahnhof
Bayerisch Eisenstein

Sklářská. Dieser Nebenstraße, auf der abermals der **Iron Curtain Trail** verläuft, bleiben wir jetzt ein gutes Stück, stets geradeaus haltend, treu. Zunächst einmal überqueren wir die **Řezná.** Dahinter rollen wir übers Bahngleis und schließlich lassen wir Železná Ruda hinter uns.

Vorbei an teils verfallenen Industriebauten, tauchen wir noch mal richtig ins **Eisensteiner Tal** ein. Nach 25,5 Kilometern erreichen wir eine Gabelung, an der wir rechts abbiegen. So fahren wir zuerst erneut über die Bahntrasse und schließlich das vorletzte Mal über die Řezná. Direkt hinter dem Fluss schließt sich die Kreuzung an, die wir bereits von der Hinfahrt kennen. So biegen wir links in die uns vertraute Trasse ein.

*Kulturinteressierte halten sich in der **Erlebnisallee am Eisensteiner Bahnhof** stundenlang auf. Hier gibt's neben den Fledermaus-, Ski- und Großer-Arber-Infos in den Naturparkwelten alte Züge im Localbahnmuseum und wechselnde Ausstellungen in den Kuns(t)räumen.*

Die letzten Meter des Tages genießen wir die Natur um uns herum noch mal in vollen Zügen und lassen das Erlebte auf uns wirken. Wer nach den traumhaften Eindrücken Appetit bekommen hat, nimmt im Restaurant des Grenzbahnhofs Platz. Auf deutscher Seite ist das **„vo'gunders" 6** untergebracht. Nicht nur Speis und Trank sind hier empfehlenswert, sondern vor allem das historische Ambiente. Das Lokal ist nämlich im ehemaligen Wartesaal der 1. Klasse aus dem Jahre 1877 untergebracht.

Localbahnmuseum

Finaler Akt ist schließlich das Sightseeing. Wir sollten uns auf jeden Fall noch Zeit nehmen, die skurril anmutende Staatsgrenze inmitten des Grenzbahnhofs genauer zu begutachten. Bei der Gelegenheit können wir noch einen Blick in die **Naturparkwelten 7**, die größte Besuchereinrichtung des Naturparks Bayerischer Wald, werfen. Und ehe wir unseren Heimweg antreten, müssen wir noch das Panorama würdigen. Vom Vorplatz des Bahnhofs aus erspähen wir nämlich auch den König des Bayerischen Waldes, den 1546 Meter hohen Großen Arber.

Černé jezero
Úhlava
Malý Špičák
Špičák
Jezerní hora
Čertovo jezero
Jezerní potok
Špičák
190
přírodní památka Královský hvozd
27
Svarožná
Řezná
Železná Ruda (Markt Eisenstein)
Pepík
Alžbětín (Elisenthal)
Bayerisch Eisenstein
Eisensteiner-mühle
11
Großer Regen
TSCHECHIEN
DEUTSCHLAND
Debrník
Hochfels
Dröhberg

Alles auf einen Blick

WIE & WANN:
Der Großteil der Route verläuft über befestigte Wege, die meist nur wenig befahren sind. Kleinere Passagen auch über Hauptstraßen und Waldwege.
Beste Zeit: Anfang Mai bis Ende Oktober

HIN & WEG:
Auto: Parkplatz am Grenzbahnhof Bayerisch Eisenstein, Bahnhofstraße 54, 94252 Bayerisch Eisenstein (GPS: 49.121348, 13.207863)
ÖPNV: Waldbahn-Bahnhof Bayerisch Eisenstein, Linie RB 35

ESSEN & ENTSPANNEN:
Hotel Karl ❷ Špičák 144, 340 04 Železná Ruda, Tschechien, Tel. +42 (03 76) 39 71 16, www.karl.cz

Entspannung ★★★★☆
Genuss ★★★★☆
Romantik ★★★★★

Gipfelrestaurant am Pancíř ❺ Pancíř 2, 340 04 Železná Ruda, Tschechien, Tel. +42 (06 02) 28 97 05, www.chatapancir.cz
Restaurant im Grenzbahnhof „vo'gunders" ❻ Bahnhofstraße 54, 94252 Bayerisch Eisenstein, Tel. (0 99 25) 1 82 97 66, www.naturparkwelten.de

ENTDECKEN & ERLEBEN:
Landesgrenze ❶
Černé jezero ❸
Pancíř ❹
Naturparkwelten im Grenzbahnhof Bayerisch Eisenstein ❼ Bahnhofstraße 54, 94252 Bayerisch Eisenstein, Tel. (0 99 25) 90 24 30, www.naturparkwelten.de

- 21,3 Kilometer
- 510 Höhenmeter
- 3 Stunden
- Rundtour

Trans-Bayerwald-Teilstück

Diese Tour sorgt für mächtig Weitblick! Damit wir das Panorama hinein in den Gäuboden erleben können, starten wir den Tag am Wanderparkplatz im Sankt Englmarer Ortsteil **Predigtstuhl.** Zunächst einmal rollen wir dort hinunter zur Staatsstraße, auf der wir gekommen sind, um diese geradeaus zu überqueren. So kommen wir direkt zu einem größeren Gebäudekomplex mit Skiverleih, Gasthaus und **Dorfladen ❶.** In Letzterem können wir uns noch mit Proviant versorgen, ehe wir in die **Hohenriedstraße** einschwenken. Wie so oft, gibt uns für einen Teil des Weges die **Trans-Bayerwald-**Markierung Orientierung.

An der nächsten Kreuzung biegen wir somit wieder rechts ab, hinauf auf den **Hirschensteinweg.** Am

Gäubodenblick

Ab Sankt Englmar zum Hirschenstein

Bergdorf Zipflwiese vorbeirollend, verlassen wir langsam die touristische Siedlung – und nach knapp 650 Metern Fahrstrecke ist auch der geteerte Untergrund erst mal passé. Denn nun, inzwischen mitten im Wald angekommen, biegen wir rechter Hand auf eine Forststraße ab. Abseits des Trubels haben wir nun Zeit, unser Tempo zu finden. Rund 1,5 Kilometer und 100 Höhenmeter lang geht's mit abwechselnd starker Steigung durch schattigen Wald, ehe wir uns die erste Pause redlich verdient haben. Nach gut 2,2 Kilometern Gesamtstrecke erreichen wir schließlich ein kleines Hexenhäuschen, die **Kudernhütte ❷.** Eigentlich ist der Bau nur eine schlichte, aus Holzstämmen gezimmerte und mit Rindentaschen bedeckte Schutzhütte. Doch

Kudernhütte

Knogl

sowohl als Rastort als auch als Fotomotiv eignet sie sich prächtig.

Kurz radeln wir noch auf der Trans Bayerwald weiter, ehe wir an einer Gabelung den Fernradweg verlassen, um uns rechts zu halten. Gut 300 Meter später verlassen wir auch diesen breiten Waldweg rechter Hand für einen Abstecher. Dafür folgen wir den Wegweisern zum **Knogl ③.** Den 1056 Meter hohen Gipfel erreichen wir nach 400 Metern ohne merkbare Steigung, dafür auf wurzeligem und steinigem Untergrund. Wem dies zu schwer ist, der schiebt oder lässt das Rad unten an der Gabelung stehen. So oder so: Das Gipfelglück ist es auf jeden Fall wert. Am kleinen, mit

Für die Seele

Doppeltes „G" für Radgenuss pur: Zwei Gipfel bieten uns tolle Gäubodenblicke. Dort lassen wir Augen und Gedanken in die Ferne schweifen.

Steinen übersäten Plateau erwarten uns nicht nur ein mächtiges Holzkreuz, sondern auch einladende Sitzbänke und eine überdachte Schutzhütte. So nehmen wir Platz und nehmen den ersten Fernblick des Tages in uns auf. An dieser Stelle ist die Sicht hinunter zur Donauebene mit dem Gäuboden noch ein bisschen eingeschränkt, doch keine Sorge: Später wird's noch imposanter.

Dafür nehmen wir erst mal den Stichweg zurück zur Gabelung von eben. Dort erwartet uns wieder der einfache, breite Weg, in den wir rechts einbiegen. Es folgen 3 erholsame Kilometer mitten durch den Wald. Auf nahezu steigungsfreier Strecke halten wir uns an den wenigen Kreuzungen stets geradeaus. Wenn sich

*Der Lössboden macht den an der Donau gelegenen **Gäuboden** zu einer der fruchtbarsten Regionen Süddeutschlands. Zentrum des etwa 15 Kilometer breiten Gebiets, das vor den Toren Regensburgs beginnt und bis hinter Deggendorf reicht, ist die Stadt Straubing.*

Ödwies

der Wald lichtet, wissen wir, dass das nächste Zwischenziel erreicht ist. Wir haben die **Ödwies** ❹ erreicht.

Wir steigen ab und nehmen die weitläufige offene Landschaft näher ins Visier. Direkt in der Mitte thront ein **Forsthaus,** an dem das Wappen der Reservistenkameradschaft Achslach hängt. Hinter dem Gebäude finden wir einen Schatten spendenden Baum, um dessen Stamm eine Bank-Tisch-Kombination gebaut wurde. Sie bietet ausreichend Platz, um unseren Proviant auszubreiten und ihn genüsslich zu verspeisen. Bevor wir uns nach der Stärkung wieder aufs Rad schwingen, werfen wir noch einen Blick auf die etwas abseits stehende **Kapelle.**

Nun kommt ein kurzer Gipfelspurt auf uns zu. Dafür orientieren wir uns an den Wegweisern zum Hirschenstein, die uns auf eine gekieste Forststraße führen. An der ersten großen Gabelung halten wir uns rechts, um bei der folgenden Kreuzung geradeaus in einen einfachen Waldweg zu treten. Gut 40 Höhenmeter später haben wir mit dem höchsten Punkt des Tages auch den Höhepunkt der Tour erreicht, den **Hirschenstein** ❺**.** Am steinigen Gipfelplateau des 1095 Meter hohen Berges stellen wir das Rad ab und gehen in den Naturgenussmodus.

*Die **Ödwies** ist eine von Wald umgebene Bergwiese. Das gleichnamige Forsthaus entstand Mitte des 19. Jahrhunderts und wurde bis in die 1950er-Jahre bewirtschaftet. Aufgrund des vielen Schnees im Winter schlief die Försterfamilie stets im Obergeschoss.*

*Eine Sage führt die Benennung des **Hirschensteins** auf eine Jagd in alten Tagen zurück. Dabei sollten Hunde einem mächtigen Sechzehnender nachspüren. Auf der Flucht soll der Hirsch vom Gipfel des Berges, dem er damit den Namen gab, in den Tod gestürzt sein.*

Schon allein die wilde Landschaft mit mächtigen Felsen und knorrigen Bäumen zieht uns in ihren Bann – und dann ist da ja noch die Aussicht. Um die in aller Gänze zu erleben, schlüpfen wir in die Wendeltreppe des 7 Meter hohen **Steinturmes,** von dessen Plattform aus sich nicht nur der Gäuboden endgültig in seiner ganzen Blüte vor uns zeigt. Wenn wir ganz viel Glück haben, schimmert am Horizont sogar die Alpen-Nordkette. Dafür muss es jedoch ein besonders klarer Tag sein. Und natürlich lässt sich auch der Bayerwald bestens von oben bestaunen. Wer bei all der Fernsicht noch ein Auge fürs Detail hat, wirft noch einen Blick auf die zahlreichen bunten Liebesschlösschen, die am Geländer hängen. Bei dieser Umgebung muss ja förmlich Liebe in der Luft liegen.

Kapelle Odwies

Hirschenstein

Hirschenstein

Zum Glück geht's nun erst mal bergab, da können wir die tollen Erlebnisse so richtig gut auf uns wirken lassen. Zunächst rollen wir zurück zur letzten Kreuzung von vorhin, bei der wir links wieder in den befestigten Kiesweg einbiegen. Kurz darauf verlassen wir diesen jedoch an einer leicht zu übersehenden Abzweigung rechter Hand, ab sofort für ein weiteres Stück der Trans Bayerwald folgend. Zunächst auf einem teils schmalen, erdigen Trail, später nach einem Linksknick auf festerem Schotter, sausen wir gen Tal. Dabei ist Erholung angesagt, denn in die Pedale müssen wir nun fast nicht mehr treten.

Nach insgesamt 10,8 Kilometern stehen wir auf einer großen Kreuzungslichtung, dem **Schuhfleck ⑥.** Hier laufen viele Wege zusammen. Darüber hinaus lockt ein achteckiger **Holzunterstand** bei schlechtem Wetter zur Pause. Wir fahren schließlich weiter bergab, den Wegweisern Richtung **Rettenbach** folgend. Somit verlassen wir abermals die Trans-Bayerwald-Route. Gut 1,5 Kilometer rollen wir nun gemächlich durch

Schuhfleck

den Wald, halten uns dabei stets geradeaus. Erst als unsere Forststraße in eine weitere mündet, müssen wir wieder abbiegen – und zwar nach rechts. 800 Meter geht's noch mal bergab, in einem Mix aus Wald und Wiesen, vorbei an einem großen Hof. Gleich dahinter halten wir uns scharf rechts und erblicken bald am Wegrand eine kleine **Feldkapelle.** Im Anschluss überqueren wir über eine steinerne Brücke den **Rettenbacher Mühlbach.** Auf rund 700 Höhenmetern gelegen, ist damit der niedrigste Punkt des Tages erreicht.

Von nun an wird's also nicht nur wieder etwas anstrengender, sondern auch lichter. Doch der Bergaufpassage lassen wir gar keine Zeit, richtig durchzuschlagen. Denn nach einem kurzen Stück an einer Wiese entlang, erreichen wir die Ortschaft **Rettenbach,** in der unser kulinarischer Boxenstopp liegt. Am **Gut Schmelmerhof** **7** bestaunen wir erst mal das gutbäuerlich prächtige Anwesen nebst schnuckeligem Türmchen am Dach. Platz nehmen wir schließlich auf der Sonnenterrasse und lassen es uns schmecken. Frisch gestärkt schwingen wir uns aufs Rad – gut 7,5 Kilometer liegen noch vor uns.

Verfahren können wir uns dabei nicht, denn es führt ein durchgängig markierter Radweg zum nächsten Zwischenziel, dem Zentrum von **Sankt Englmar.** Dafür radeln wir erst mal weiter durch den Ort. Wer will, macht noch einen Fotostopp an der weißen Dorfkapelle mit ihren ebenso weißen Totenbrettern vor dem Portal. Am Ortsende halten wir uns schließlich rechts. Teils recht steil führt unser Weg wieder hinein in den Wald. Nach insgesamt 16,3 Kilometern haben wir den ersten Berg unserer Rückfahrt erklommen – an einer Lichtung rechter Hand, auf der ein paar einzelne Gebäude stehen.

Nach ein paar weiteren Metern durch den Wald halten wir uns an einer Gabelung links, um auf die **Glashütter Straße** einzuschwenken, die uns direkt in den gleichnamigen Ortsteil **Glashütt** führt. Dabei kön-

Gut Schmelmerhof

Bei Glashütt

nen wir noch mal etwas Kraft schöpfen, ehe der finale Anstieg des Tages auf uns wartet. Bis an den Ortsanfang von **Sankt Englmar** geht's nämlich noch flach oder sogar leicht abfallend dahin. Erst wenn wir im Zentrum eines der größten Touristenmekkas des Bayerischen Waldes angekommen sind, führt unsere Route wieder merklich bergauf. Den **Kurpark** links liegen lassend, halten wir uns stets geradeaus, ehe wir rechts in den Kirchplatz einbiegen. So kommen wir bald zur **Pfarrkirche** und zur **Liebfrauenkapelle.** An der Kreuzung bei den beiden Gotteshäusern, an der wir rechts in den **Pfarrhofweg** einschwenken, liegt auch das **Bayerwald Xperium 8,** welches durchaus einen Abstecher wert ist.

*Das **Bayerwald Xperium** bietet nicht nur jungen Besuchern eine spannende Reise zu allerlei Naturphänomenen. An über 100 Experimentierstationen wird Wissenschaft für jedermann hautnah erlebbar. Ein Museum, das alle Sinne anspricht.*

Die eigentliche Route führt hingegen direkt zum **Rathaus,** hinter dem wir uns links halten – hinein in die **Rathausstraße.** An deren Ende biegen wir rechts in die **Bogener Straße** ein, die uns bergauf zur **Staatsstraße** führt, die wir von unserer Anreise her kennen. Wir überqueren die Fernstraße geradeaus, um uns in der offenen Landschaft in Richtung des Ortsteils **Hügelhof** zu orientieren. Dabei passieren wir noch ein recht schmuckes **Wegkreuz.** Am Dorfrand angekommen, treffen wir erneut auf die Trans Bayerwald, die uns auf den letzten 1,2 Kilometern nochmals Orientierung gibt.

Die Steigung ist beim rechtshändigen Verlassen des Weilers so weit geschafft, dafür wird der Untergrund noch mal etwas herausfordernder. Über wurzelige Waldwege rollen wir die letzte Teiletappe in Richtung Ausgangspunkt. Wer noch eine Rast machen will, nimmt auf einer **Holzbank** auf einem Felsvorsprung Platz, an der wir direkt vorbeikommen. Und nach insgesamt 21,4 Kilometern erreichen wir wieder den Wanderparkplatz, an dem wir losgefahren sind.

Rastplatz mit Aussicht

Dörfl
Haberbühl
St 2139
Markbuchen
P
Viechtacher Straße
1
Markbuchener Sattel
Predigtstuhl
Hochberg
2
Knogl
3
St. Englmar
8
Bogener Straße
Glashütt
SR 21
Englmarbach
Aitnach
Hilm
Rettenbach
7
4
Rettenbacher Mühlbach
Bogenbach
5
Hirschen-stein
Mühlgraben
6
Schopf
Böbracher Bach

Alles auf einen Blick

WIE & WANN:
Der Großteil der Route verläuft über gut befestigte Forststraßen und Nebenstraßen. Kleinere Teilstrecken sind jedoch auch recht wurzelig.
Beste Zeit: Anfang Mai bis Ende Oktober

HIN & WEG:
Auto: Wanderparkplatz an der Staatsstraße 2139, Ortsteil Predigtstuhl, 94379 St. Englmar (GPS: 49.006068, 12.833626)
ÖPNV: Keine ÖPNV-Anreisemöglichkeit für Radfahrer

ESSEN & ENTSPANNEN:
Dorfladen mit Café ❶ Am Predigtstuhl 2, 94379 St. Englmar
Gut Schmelmerhof ❼ Rettenbach 24, 94379 Sankt Englmar, Tel. (0 99 65) 18 90, www.gut-schmelmerhof.de

Entspannung ★★★☆☆
Genuss ★★★★☆
Romantik ★★★★☆

ENTDECKEN & ERLEBEN:
Kudernhütte ❷
Knogl ❸
Ödwies ❹
Hirschenstein mit Aussichtsturm ❺
Schuhfleck ❻
Bayerwald Xperium ❽ Pfarrhofweg 4, 94379 St. Englmar, Tel. (0 99 65) 8 42 39 76, www.bayerwald-xperium.de

Falkenstein

- 37,4 Kilometer
- 1040 Höhenmeter
- 5 Stunden
- Strecke

Kräftig frühstücken ist heute Pflicht, denn es geht hoch hinaus. Auf dem Programm unserer Panoramatour stehen faszinierende Ausblicke über den Nationalpark und die Arber-Region, dafür müssen wir aber richtig in die Pedale treten. Zumindest die Anreise ist ganz und gar entspannt. Denn wir fahren Zug! Mit den knallgrünen Waldbahn-Shuttles reisen wir zum **Bahnhof Zwiesel –** etwa aus Deggendorf, Regen, Grafenau oder Bodenmais. Nachdem wir ausgestiegen sind, schieben wir unsere Räder erst mal auf den Bahnhofplatz und bestaunen das historische **Bahnhofsgebäude,** von denen es in der Region noch so einige gibt. Danach heißt es: Strecke machen.

Mystische Almen

Über Schachten zum Falkenstein

*Mit dem **Gästeservice Umwelt-Ticket** (GUTi), das Übernachtungsgäste in über 20 Bayerwaldgemeinden von ihrem Beherbergungsbetrieb kostenlos erhalten, ist die Nutzung von Bus und Bahn in der Region kostenfrei.*

Die Gleise im Rücken, biegen wir linker Hand in nördlicher Richtung auf die **Bahnhofstraße** ein. Sie mündet direkt in die **Rabensteiner Straße,** in die wir rechts einbiegen, um kurz darauf den Großen Regen zu überqueren. Hinter dem Fluss halten wir uns an der Ampel links und folgen der **Theresienthaler Straße.** Nach gut 1 Kilometer beginnt rechts der Straße ein parallel verlaufender Radweg mit der Markierungsnummer 1, den wir gern nutzen, um dem Straßenverkehr erst mal adieu zu sagen. Der Weg führt uns direkt zur **Bundesstraße 11.** Kurz davor haben Fans handgemachter, lokal hergestellter Seifen noch die Möglichkeit, einen Abstecher zum Laden der **Woidsiederei** ❶ zu machen, der links auf der anderen Seite der Straße liegt.

Alle anderen fahren geradeaus auf die Rad-Unterführung der B11 zu. Dahinter macht der Radweg eine 90-Grad-Biegung nach links, um etwa 400 Meter parallel zur Bundesstraße zu verlaufen. Doch keine Sorge, dem emsigen Parallelverkehr entkommen wir schon an der nächsten Kreuzung. Da biegen wir nach rechts in die **Rotkotstraße** ein.

Nun führt uns der erste gemächliche Anstieg des Tages durch die kleine Siedlung, immer geradeaus. Am Ende der Häuser verschwindet die Straße, die aber lückenlos vom Radweg mit der Markierung 7 fortgesetzt wird. Dabei tauchen wir auf einem Forstweg in den Wald ein. Nur wenige Minuten später haben wir auf der Kuppe des ersten Hügels auch den ersten Höhepunkt erreicht, die schmucke **Glasmacherkapelle 2.** Auch wenn wir noch nicht lange im Sattel sitzen, gönnen wir uns eine kurze Rast und genießen auf einer der Holzbänke die ersten Fernblicke des Tages.

Danach folgen wir dem Radweg weiter. Er führt uns in die Nähe der **Waldbahntrasse.** An der kommenden Wegmündung halten wir uns rechts und landen so an einer Straße, in die wir links einbiegen, um gleich danach hinterm Ortseingang von **Ludwigsthal** rechts abzubiegen. Wir verlassen das Dorf auf der **Schleicherstraße** parallel zum Kolbersbach. Somit haben wir den Randbereich des Nationalparks erreicht, in dessen Höhenlagen wir nun vorstoßen. Dafür bleiben wir auf der Nebenstraße, die uns zum Weiler **Schleicher** nebst Gasthaus und Hundetrainingsanlage bringt. Wir rollen einfach auf der Straße weiter; am Ortsende folgen wir dabei der lang gezogenen Rechtskurve. In deren Bogen mündet auch der Fernradweg **Iron Curtain Trail,** der uns nun einige Kilometer begleitet. Er bringt uns direkt zum **Servicezentrum Falkenstein** des Nationalparks. Dieses hält nicht nur die Wege des Schutzgebiets instand, sondern auch die Besucher-

Für die Seele

Auf Inseln im Waldmeer spüren wir eine besonders mystische Aura, die uns in ihren Bann zieht: knorrige Bäume, weite Blicke und wilde Natur.

Glasmacherkapelle

> Der Fernradweg EuroVelo 13 hat den Beinamen **Iron Curtain Trail,** da er großteils auf seinem fast 10.000 Kilometer langen Streckenverlauf entlang des ehemaligen Eisernen Vorhangs verläuft. So quert er auch das deutsch-tschechische Grenzgebiet im Böhmerwald.

infrastruktur. Kurz dahinter erreichen wir den Weiler **Kreuzstraßl.**

An der Kreuzung im Ortskern verlassen wir das öffentliche Straßennetz. Denn wir halten uns geradeaus auf der **Ludwigsthaler Straße,** die sich nach einem kleinen Wanderparkplatz bald nur noch als schmale Forststraße zeigt. Sie führt uns nun immer tiefer hinein ins Gebiet des Nationalparks. 1970 gegründet, wurde er 1997 um die Wälder rund um den Falkenstein, in denen wir heute unterwegs sind, erweitert. Weiter dem markierten Radweg folgend, fahren wir nun beständig leicht bergauf durch wilde Mischwälder. Dreimal halten wir uns an Kreuzungen geradeaus, um dann einige Zeit lang direkt über dem rauschenden Kolbersbach zu rollen. In diesem Abschnitt trägt der Weg in vielen Karten den Namen **Deffernikstraße.**

Nach insgesamt gut 11 Kilometern mündet der bisherige Forstweg auf eine asphaltierte Forststraße. Rechter Hand ragt eine alte **Steinbrücke** über den Kol-

Hirschgehege Scheuereck

Wunderschöne Natur

bersbach. Und genau diesen Weg schlagen wir ein. Nach wenigen Hundert Metern bringt er uns zu einem großen Wanderparkplatz – und somit zum nächsten Höhepunkt der Tour. Das **Rothirschgehege Scheuereck** ❸ liegt idyllisch auf einer Lichtung im Wald. Neben der weitläufigen Schauanlage gibt's hier noch ein geschlossenes Wirtshaus, ein altes Forsthaus und ein paar Stellplätze für Wohnmobile und Zelte. Wir stellen unsere Räder ab und vertreten uns ein bisschen die Füße. Denn: Die majestätischen Hirsche lassen sich nicht nur von Aussichtspunkten außerhalb des Geheges bestaunen. Für Fußgänger führt auch ein kurzer Weg hindurch, dem wir ein paar Meter folgen, um dann wieder zu unseren Rädern zurückzugehen.

Angesichts des nun vor uns liegenden Kraftaktes war das noch mal eine willkommene Erholung. Kurz hinter dem Gehege zweigt nämlich der **Böhmweg** links in den Wald hinein. Nun liegen knapp 2,5 Kilometer mit etwas über 250 Höhenmetern in Richtung tschechische Grenze vor uns – und somit der längste Anstieg des Tages. Am Ende des Berges präsentiert sich uns eine Gabelung, an der wir erst mal tief durch-

!

*Zum Schutz der sensiblen Natur ist **Radfahren im Nationalpark** nur auf ausdrücklich markierten Radwegen gestattet. Davon gibt es im Schutzgebiet jedoch über 200 Streckenkilometer. Auch auf dem Zweirad lassen sich so viele Höhepunkte erreichen.*

schnaufen und dann linker Hand abbiegen. Damit verlassen wir den Iron Curtain Trail und folgen dem Radweg mit der Nummer 50. Zunächst können wir uns auf einer leichten Bergabpassage erholen, ehe wir auf den Rindelbach treffen. Dessen Tal fahren wir ein Stück weit bergauf, ehe der Radweg eine scharfe Linksquere macht. Gut 600 Meter später halten wir uns – der 50 folgend – rechts, um abermals 300 Meter später die erste ehemalige Waldweide des Tages zu erreichen, den **Albrechtschachten ❹.** Hier, auf einer märchenhaften Lichtung inmitten des Waldmeers, erwartet uns eine wohlverdiente Pause zwischen knorrigen, jahrhundertealten Hütebäumen – inklusive eingeschränktem Blick ins Tal.

Anschließend folgen wir weiter der 50er-Markierung. Relativ eben führt sie uns zum oberen Ende der urwaldartigen **Höllbachschlucht,** deren Quellflüsse wir überqueren. Danach bringt uns der Radweg wieder etwas nach oben, sodass wir nach insgesamt 20,7 Kilometern einen wahren Kraftort erreichen, den

Albrechtschachten

Ruckowitzschachten 5. Auf der größten einst landwirtschaftlich genutzten Waldweide im Nationalparkgebiet ist eine Rast Pflicht. Die Aussicht ist schließlich gigantisch. Der König des Bayerwalds, der Große Arber, türmt sich mit seinen beiden Radarkuppeln direkt vor uns auf. Aber auch die tschechischen Berge gleich hinter der Grenze liegen direkt im Blickfeld. Wer selbst eine Brotzeit dabeihat, kann sie hier auf der Sitzgarnitur verspeisen – schon allein, weil es am Schachten meist ruhiger ist als am Gipfel des Falkensteins. Wer eher urige bayerische Hüttenkost bevorzugt, legt hier eine kürzere Pause ein.

Wieder im Sattel geht's weiter der 50 folgend ein kleines Stück bergab. An der ersten Kreuzung halten wir uns links, bergauf in Richtung höchstem Punkt des Tages. Etwas über 150 Höhenmeter später haben wir den Radparkplatz am Gipfelplateau des **Großen Falkensteins 6** erreicht. Hier schließen wir unsere Räder ab und legen die letzten Meter zum **Gipfelkreuz** zu Fuß

*Ein paar Wochen im Jahr grast auf dem **Ruckowitzschachten** Rotes Höhenvieh. Die Rinder sind tierische Landschaftspfleger. Sie ersetzen die sonst notwendigen Arbeitseinsätze zum Freihalten der Schachten, um deren besondere Artenvielfalt zu erhalten.*

zurück. Es steht auf einer imposanten Gneisformation, die weite Blicke in den Zwieseler Winkel erlaubt. Bei guter Sicht präsentieren sich in der Ferne sogar die Alpen. Nach dem Mini-Abstieg zurück zum Plateau machen wir noch einen Abstecher zur **Kapelle 7**. Anschließend geht's aber sogleich ins moderne **Falkensteinschutzhaus 8** – entweder in die Wirtsstube mit Panoramafenster oder auf die Terrasse.

Gestärkt steht nun vor allem eins auf dem Programm: die Abfahrt! Das erste Stück kennen wir bereits vom Hinweg, an der Kreuzung schwenken wir jedoch nicht zum Schachten ein, sondern halten uns links – abermals ein gutes Stück der 50 folgend. An einer Spitzkehre auf 1000 Metern Höhe orientieren wir uns rechts, um im flotten Rollen direkt zur **deutsch-tschechischen Grenze** zu gelangen. Dort düsen wir, uns immer noch an der 50 orientierend, ins Tal. Wenn das Gefälle langsam sachter wird, mündet unsere Route für ein kurzes Stück in den eigens markierten **Nationalpark-Radweg,** später auf eine schmale Gemeindestraße.

Der Rückweg führt uns nun in einer Flachpassage geradeaus durch die Ortschaft **Zwieslerwaldhaus.** Am Ortsrand biegen wir links in das Schleichersträßchen, einen markierten Radweg, ab. Es bringt uns direkt zur **Schleicherschwelle ⑨,** einer alten Triftklause. Hier lohnt es sich abzusteigen und die kühle Stimmung des ruhigen Weihers in sich aufzunehmen. Kurz danach kommen wir abermals in den Weiler Schleicher. Nach einem Rechtsschwenk in die Teerstraße verlassen wir diese nach wenigen Metern abermals rechter Hand, um auf einen Forstweg in Richtung Tier-Freigelände des Nationalparkzentrums Falkenstein zu radeln.

Schleicherschwelle

Luchs im Tier-Freigelände

Steinzeithöhle

Nach insgesamt 36,6 Kilometern erreichen wir schließlich den Waldbahnhalt des Nationalparkzentrums **Falkenstein ⑩**, am Ortsrand von Ludwigsthal. Das letzte Stück der Strecke sind wir bereits über die Versorgungswege der beliebten Besuchereinrichtung des Nationalparks gefahren und haben dabei vielleicht schon Auerochsen und Wildpferde erblickt.

Alle, die jetzt noch voller Energie sind, stellen ihre Räder ab, wenige Meter vom Haltepunkt der Bahn am Parkplatz unterhalb des Eisenbahntunnels für Fußgänger. Von hier begeben Sie sich auf tierische Entdeckungsreise. Zu Fuß bietet sich zum Abschluss des Tages nämlich noch ein etwa 2,5 Kilometer langer Spaziergang durch das **Tier-Freigelände** an. Dieser ist als Rundweg konzipiert und mit drei Tiersilhouetten auf gelbem Grund markiert. Dabei schlendern wir nicht nur an den Auerochsen und Wildpferden vorbei, sondern erhaschen mit etwas Glück sogar Blicke auf die scheuen Luchse und Wölfe. Auch an der **Steinzeithöhle** kommen wir vorbei. Sie zeigt einen Blick in die Vergangenheit der Region. Zu guter Letzt wartet noch das **Haus zur Wildnis** mit seinen spannenden Ausstellungen und seiner **biozertifizierten Gastronomie** auf eine Einkehr. Am Ende des Rundweges sind wir zurück bei unseren Rädern, die wir nur noch durch den Eisenbahntunnel hinauf zum **Bahnsteig** schieben brauchen. Von dort bringt uns die Waldbahn zurück zum Ausgangspunkt am Zwieseler Bahnhof. Von den gemütlichen Sitzen aus können wir einen letzten Blick auf das Falkensteinmassiv werfen – diesmal auch ganz ohne noch vor uns liegende Anstrengungen. Wer sich immer noch nicht genug bewegt hat, kann den Rückweg auch tretend zurücklegen – auf dem Radweg an der Bundesstraße 11, der zurück nach Zwiesel führt.

Gastronomie Haus zur Wildnis

*Bei Konditormeister Bernhard Bachl decken wir uns in der **Haus-zur-Wildnis-Gastronomie** mit handgemachten Bayerwaldpralinen ein. Die gibt's mit oder ohne hochprozentigen Inhalt und sind ein ideales Mitbringsel bzw. eine feine Leckerei für uns selbst.*

Debrník
TSCHECHIEN
DEUTSCHLAND
Drozdí potok
Jezerní potok
Große Deffernik
Plesná
Zwieslerwaldhaus
Kleiner Falkenstein
Großer Falkenstein
Nationalpark Bayerischer Wald
11
Scheuereck-berg
Schleicher
Ludwigsthal
Kreuzstraßl
Scheuereckriegel
Kolbersbach
REG 8
Lindbergmühle
Spiegelhütte
Großer Regen
Oberlindbergmühle
Riesberg
Lehen
Klautzen-bach
Zwieseler Straße
Lindberg
Theresien-thal
REG 10
Buchenau
Unterzwieselau
Oberzwieselau
Zwiesel
St 2132
Kleiner Regen
1
2
3
4
5
6
7
8
9
10

Alles auf einen Blick

WIE & WANN:
Zum Großteil Radwege auf gut befahrbaren Forstwegen. Kürzere Passagen auch auf Neben- und Hauptstraßen. Beste Zeit: Mitte Mai bis Oktober

HIN & WEG:
Auto: Bahnhof Zwiesel, Bahnhofplatz 3, 94227 Zwiesel (GPS: 49.020725, 13.226802)
ÖPNV: Am Bahnhof Zwiesel halten die Waldbahn-Linien RB 35, RB 36 und RB 37. Zurück nach Zwiesel geht's vom Waldbahnhalt Ludwigsthal im Stundentakt mit der RB 35. Fahrpläne unter www.waldbahn.de

ESSEN & ENTSPANNEN:
Falkensteinschutzhaus ❽ Tel. (0 99 25) 90 33 66, www.schutzhaus-falkenstein.de
Nationalparkgastronomie im Haus zur Wildnis ❿ Tel. (0 9922) 8 04 58 43, www.gastronomie-hauszurwildnis.de

Entspannung ★★★☆☆
Genuss ★★★★☆
Romantik ★★★★★

ENTDECKEN & ERLEBEN:
Woidsiederei ❶ Theresienthal 29, 94227 Zwiesel, Tel. (0 99 21) 9 48 90 10, www.woidsiederei.de
Glasmacherkapelle ❷
Rothirschgehege Scheuereck ❸ Scheuereck 1, 94227 Lindberg, www.nationalpark-bayerischer-wald.de
Albrechtschachten ❹
Ruckowitzschachten ❺
Großer Falkenstein ❻
Falkenstein-Kapelle ❼
Schleicherschwelle ❾
Nationalparkzentrum Falkenstein ❿ mit Haus zur Wildnis, Tier-Freigelände und Steinzeithöhle, Eisensteiner Straße 20, 94227 Ludwigsthal, Tel. (0 99 22) 5 00 20, www.nationalpark-bayerischer-wald.de

Blick zum Kleinen Arbersee

- 24,2 Kilometer
- 620 Höhenmeter
- 3 Stunden
- Rundtour

Die höchsten Blicke, die man sich im Bayerischen Wald wünschen kann: Nicht mehr und nicht weniger bietet unsere heutige Panoramatour. Dafür geht's sogar durch zwei Regierungsbezirke. Aber fangen wir von vorn an. Wir starten am **Bretterschachten.** Dort, wo im Winter Langläufer ihre Runden drehen, ist im Sommer deutlich weniger Betrieb, sodass die Parkplatzsuche ein Klacks ist. So schwingen wir uns in den Sattel: Gemütliches Einrollen ist angesagt.

Und das Rollen können wir wörtlich nehmen. Anfangs folgen wir nämlich der **Arberseestraße** westwärts – in Richtung Bodenmais. 2,5 Kilometer lang können wir uns so leicht bergab schon mal ans heutige Ambiente gewöhnen. Kurz und knapp: Es ist waldig.

Auf den König

Zu den Gipfeln des Arbermassivs

Bevor die Straße eine 180-Grad-Linksbiegung nimmt, haben wir – knapp unter 1000 Höhenmetern gelegen – den tiefsten Punkt unserer heutigen Tour erreicht. Hier verabschieden wir uns vom Verkehr auf dem asphaltierten Untergrund, es geht rechter Hand auf der **Arberhochstraße,** einem gut befestigten Forstweg, weiter.

Zu Beginn unserer Route durch die Arberwälder ist es noch recht flach oder nicht allzu steil. Dabei orientieren wir uns stets am markierten Radweg. Der führt uns schnell wieder über die 1000-Höhenmeter-Marke, dann aber ein gutes Stück weit in der Nähe dieser Marke tiefer in den Wald hinein. An der ersten Forstweggabelung halten wir uns rechts, an der zweiten links, um weiter auf der Arberhochstraße zu bleiben. Nach ungefähr 4,5 Kilometern macht diese einen lang gezogenen 90-Grad-Rechtsknick, dem wir folgen. Nun rollen wir am oberen Ende der **Rieslochschlucht** nebst dazugehörigem Naturschutzgebiet dahin. Etwa 80 Höhenmeter unter uns strömt der Riesbach mit seinen Wasserfällen ins Tal. Wenn der Wind günstig steht, bietet sich dadurch auch uns ein imposantes Hörerlebnis.

*Die **Rißlochfälle** sind die höchsten Wasserfälle in der Region. Über malerische Kaskaden stürzt sich hier das Wasser ins Tal. Allein die fünf Hauptstufen überwinden eine Gesamthöhe von 55 Metern. Die höchste Einzelfallhöhe beträgt 15 Meter.*

Mit dem rauschenden Klang in den Ohren steuern wir direkt auf den **Wildauerbach** zu, der sich weiter unten mit weiteren Bächlein zum Riesbach vereint. Dazu zählen auch der **Kleinhüttenbach,** den wir 300 Meter später queren, sowie der **Arberbach** nach weiteren 900 Metern. Der **Schwellbach** nach insgesamt knapp 6,8 Kilometern vervollständigt das Bach-Quartett. Hier machen wir kurz Pause, wofür sich auch eine **Schutzhütte** anbietet. Dabei genießen wir noch einmal das erfrischende Flair – schon allein, weil es bald richtig bergauf geht.

Nicht ganz 0,5 Kilometer, nachdem wir die kleine Brücke passiert haben, kommen wir zu einer Radweg-

Auerhahn-Holzskulptur

Buchhüttenschachten

Für die Seele

Wir erklimmen den König des Bayerischen Waldes und setzen damit dem Radlglück die Krone auf. Dafür geht's sogar über die Baumgrenze!

gabelung. An dieser Stelle lassen wir die Arberhochstraße links liegen und folgen dem im 90-Grad-Winkel abzweigenden Radweg den Berg hinauf. Es erwartet uns einer der beiden harten Anstiege des Tages. Teilweise mit mehr als 10 Prozent Steigung machen wir uns nun daran, einige Höhenmeter zu absolvieren. Dafür wartet schon bald ein echter Augenschmaus auf uns. Am Rand einer lichten Fläche mündet unsere Trasse rechter Hand in den **Chamer Hüttenweg.** Damit haben wir den **Buchhüttenschachten** ❶ erreicht. Mit etwas Glück können wir hier nicht nur Jungrinder erspähen, sondern haben auch das erste Mal einen freien Blick auf die Bayerwald-Landschaft – und das ist erst der Anfang.

*Almen werden im Bayerwald **Schachten** genannt. Früher wurde vor allem Jungvieh auf eigens dafür gerodete Flächen in den Hochlagen getrieben, um es dort die Sommer verbringen zu lassen. Erst in den 1960er-Jahren wurde dies für die Bauern unwirtschaftlich.*

Chamer Hütte

Beflügelt von diesem Panorama klettern wir weiter aufwärts, passieren dabei am Rand des Schachtens bereits die 1200-Höhenmeter-Marke. Weitere 50 Höhenmeter später zweigt linker Hand ein Radweg ab, in den wir einbiegen, um auch weiterhin dem Chamer Hüttenweg zu folgen. Wieder 200 Meter später zweigt dieser – und somit auch wir – rechts ab. Ab hier ist's nun nicht mehr ganz so steil und in der Ferne blinzelt uns schon der Große Arber zu. Der Wald um uns herum wird nämlich immer lichter. Von der Sonne erwärmt, knacken wir die 1300 Höhenmeter und haben uns nun eine Stärkung mehr als verdient. Passenderweise wartet nach fast 10 Kilometern Wegstrecke die **Chamer Hütte ❷** auf uns. Je nach Wetter lassen wir uns auf der sonnigen Terrasse oder in der urigen Wirtsstube nieder und genießen beste Berghüttenverpflegung.

Bevor wir uns wieder in den Sattel schwingen, bietet sich noch ein kleiner Abstecher zu Fuß an. Direkt an der Hütte beginnt nämlich der Wanderweg zum Gipfel des **Kleinen Arber ❸.** Für die rund 70 Höhenmeter brauchen wir nicht ganz 15 Minuten. Als Belohnung gibt's am hölzernen **Gipfelkreuz** die zweite Panoramaportion des Tages. Einfach hinsetzen und Glücks-Akkus auffüllen! Bei ausreichendem Ladestand geht's zurück zum Rad.

Zunächst einmal lassen wir die Schwerkraft für uns arbeiten und rollen am **Chamer Hüttenweg** zurück zur letzten Abzweigung. Auf der bekannten Trasse biegen wir links ab. Bei der folgenden Gabelung geht's ebenfalls links – vorher kamen wir von rechts unten. So sind wir nicht nur auf einem breiten Forstweg namens **Auerhahnstraße** angelangt, sondern auch auf der Trasse des Fernradwegs **Trans Bayerwald.** Für den Großteil der nun folgenden Strecke orientieren wir uns an der dazugehörigen Markierung mit der stilisierten Radkette.

Zunächst gibt uns das Gelände ein bisschen Gelegenheit zum Durchschnaufen, geht's doch hangparallel recht flach oder sogar abfallend dahin, vorbei am **Oberen Bärnloch** und dem Quellgebiet des Schwell-

!

Wanderfreunde können sich per pedes nach den beiden Arber-Gipfeln sechs weitere Berge gönnen. Für die legendäre ***Acht-Tausender-Strecke*** *vom Eck zum Großen Arber folgt man dem Goldsteig. Auf gut 16 Kilometern gilt es, über 1000 Höhenmeter zu meistern.*

Radweg zum Arber

Blick zum Arbersee

bachs. Beste Bedingungen, um den sich vor uns aufbauenden **Großen Arber** schon mal aus der Ferne genauer in Augenschein zu nehmen. Nach insgesamt 12,1 Kilometern halten wir uns an der Radweggabelung links – und beginnen den finalen Aufstieg.

Mit nochmals bis zu über 10 Prozent Steigung machen wir uns daran, den höchsten Berg Niederbayerns zu erklimmen. Nach einer Spitzkehre radeln wir unterhalb des Bodenmaiser Riegels, besser bekannt als Richard-Wagner-Kopf, vorbei. Kurz nachdem wir damit einen der vier Gipfel des Arbers unterquert haben, rollen unsere Reifen plötzlich durch die Oberpfalz. Für nicht einmal 300 Meter machen wir Bekanntschaft mit dem zweiten Regierungsbezirk des Tages. Kurz bevor es wieder nach Niederbayern hineingeht, zweigt links ein kleiner Steig ab.

Dort lassen wir die Räder kurz stehen und marschieren wenige Schritte bis zum **Blick auf den Kleinen Arbersee** ❹. Am Aussichtspunkt angelangt, stockt uns der Atem, so fantastisch ist der Tiefenblick. Märchenhaft im Waldmeer eingebettet, liegt der wildromantische Gletschersee mit seinen Inseln. Da möchte man fast direkt ans Ufer gehen, doch das ist heute leider nicht möglich. Dafür machen wir uns an einem anderen Tag auf, die Tour 13 (Tanzende Inseln) dieses Buchs anzugehen.

Heute laufen wir die wenigen Meter zurück zum Rad und schwingen uns noch mal für ein paar Pedaltritte in Richtung der **Radarkuppeln** in den Sattel. Kurz vor der einzigen Luftwaffeneinrichtung Niederbayerns müssen wir die Räder abermals abstellen, da das Fahren im unmittelbaren Gipfelbereich verboten ist. Das tut unserem Glück aber keinen Abbruch, schließlich muss man das Gipfelplateau des **Großen Arbers** ❺ sowieso ganz genau erkunden. Hier wartet nicht nur das mächtige **Gipfelkreuz** mit seinem 360-Grad-Panorama über den ganzen Bayer- und Böhmerwald, sondern auch die einzige von Natur aus baumfreie Ecke des Mittelgebirges. Da fühlt man sich fast schon wie in den Alpen, die man bei klarer Sicht übrigens auch in der Ferne am Horizont blinzeln sieht.

Wer genug Zeit mitgebracht hat, kann am Plateau mit seiner einzigartigen Flora und Fauna neben dem

Großer Arber

Blick auf Bodenmais

Gleitschirmrampe am Hochzellberg

Der **Große Arber** ist auch im Winter ein Anziehungspunkt. Dann befindet sich hier das größte Skigebiet der Region. Vor allem Familien kommen auf ihre Kosten. Unterschätzen sollte man den Berg aber nicht, schließlich fanden hier schon Weltcuprennen statt.

Hauptgipfel auch noch an den Nebengipfeln, also dem von unten bereits bekannten Richard-Wagner-Kopf sowie dem Kleinen und Großen Seeriegel, vorbeischauen. Unter Zweitgenanntem würde sogar noch die **Arberkapelle** auf einen Besuch warten. Wer den König des Bayerischen Waldes, wie der Berg in der Region genannt wird, zur Genüge erkundet hat, macht sich wieder auf den Rückweg.

Dafür geht's mit dem bekannten Oberpfalz-Abstecher erst mal auf derselben Trasse zurück in Richtung Tal. Allerdings zweigt unser Rückweg schon kurz vor der Auerhahnstraße links ab – der Trans Bayerwald folgend. In gemütlichem Rollen erreichen wir nach 16,6 Kilometern Gesamtstrecke den zweiten Schachten des Tages, den **Arberhütten-Schachten 6,** wo es sich auf jeden Fall lohnt, kurz innezuhalten. Danach fahren wir linker Hand abermals auf die **Auerhahnstraße,** um ihr gut 2,5 Kilometer in meist flachem Terrain zu folgen.

Nach insgesamt 19,2 Kilometern halten wir uns, der Trans Bayerwald folgend, rechts und biegen somit in den **Panoramaweg** ein. Diese Forststraße bringt uns etwas unterhalb des **Hochzellbergs** zum finalen Höhepunkt des Tages, einem **Startpunkt für Drachen- und Gleitschirmflieger 7.** Auf einer der hölzernen Bänke machen wir letztmals Rast und können bei bestem Blick auf Bodenmais und die umliegenden Hügel erneut etwas Panorama einatmen. Bei guter Thermik erblicken wir vielleicht sogar ein paar wagemutige Flieger, die sich von der Startrampe aus ins Tal stürzen.

Die letzten 2,5 Kilometer nutzen wir zum Verarbeiten der gesammelten Eindrücke. Und nach etwas über 24 zurückgelegten Radkilometern erreichen wir schließlich wieder unseren Parkplatz am Bretterschachten. Wer jetzt noch ein Wirtshaus braucht, düst nach Bodenmais, wo es Dutzende Einkehrmöglichkeiten mit leckerem Essen gibt, zum Beispiel den **Brauereigasthof Adam Bräu 8.**

Rastplatz am Radweg

Naturschutzgebiet
Kleiner Arbersee
3
Kleiner
Arber
2
Chamer Hüttenweg
4
Großer
Arber
5
St 2137
Stallriegel
Chamer Hüttenweg
1
Schwellbach
6
Großer Arbersee
Arberbach
Arberhochstraße
Kleinhüttenbach
Mittagsplatzl
Auerhahnstraße
Rißlochfälle
Riesbach
Naturschutzgebiet
Riesloch
Wildauerbach
Rothbach
Hochzellberg
7
Arberhochstraße
P
Arberseestraße
St 2136
Hahnenriegel
Bodenmais
8
Arberseestraße
St 2136
Vorderer Schwarzbach
Hinterer Schwarzbach

Alles auf einen Blick

WIE & WANN:

Die Route verläuft fast ausnahmslos über feste Forststraßen im Wald. Nur am Anfang geht's für wenige Kilometer an einer Straße entlang. Beste Zeit: Mitte Mai bis Ende Oktober

HIN & WEG:

Auto: Parkplatz am Bretterschachten, Arberseestraße, 94249 Bodenmais (GPS: 49.073945, 13.156172)
ÖPNV: Keine ÖPNV-Anreisemöglichkeit für Radfahrer

ESSEN & ENTSPANNEN:

Chamer Hütte ❷ Tel. (0 99 24) 94 31 26, www.sc-bodenmais.de
Brauereigasthof Adam Bräu ❽ Bahnhofstraße 49–53, 94249 Bodenmais, Tel. (0 99 24) 9 40 00, www.adam-braeu.de

Entspannung ✸✸✸✸✸
Genuss ✸✸✸✸✸
Romantik ✸✸✸✸✸

ENTDECKEN & ERLEBEN:

Buchhüttenschachten ❶
Kleiner Arber ❸
Blick auf den Kleinen Arbersee ❹
Großer Arber ❺
Arberhütten-Schachten ❻
Startpunkt für Drachen- und Gleitschirmflieger ❼

Haidel

- 38,6 Kilometer
- 730 Höhenmeter
- 4,5 Stunden
- Rundtour

Wald, Moor und Aussicht. Diesen Dreiklang kombinieren wir heute mit Grenzerfahrungen und einer Outdoor-Geschichtsstunde. Dafür machen wir uns auf nach Frauenberg, wo wir am Parkplatz an der **Staatsstraße 2130** starten. Diesmal sind wir für den ersten Teil der Tour auf der Nordroute des Fernradwegs **Trans Bayerwald** unterwegs. Das Piktogramm mit der stilisierten Kette gibt uns also erstklassige Orientierung. Wir folgen den Wegweisern Richtung Norden in den Wald hinein.

Dabei können wir uns ganz bequem einfahren, denn zunächst warten keine größeren Steigungen auf uns. In leichtem Bergauf und Bergab radeln wir durch dichte Wälder, immer auf etwa 900 Höhenmetern. An

Vergessener Ort

Die Wüstung Leopoldsreut am Haidel

uns ziehen aber nicht nur viele Fichten und Tannen vorbei, sondern auch ein paar offene Lichtungen und immer wieder kleine Bachläufe. Nach etwas mehr als 7 Kilometern bietet sich dann die erste Gelegenheit für eine Pause. Etwas nördlich des Weilers **Gschwendet,** mit dem wir gleich noch Bekanntschaft machen werden, steht nämlich ein hölzerner **Pavillon** **1** am Wegesrand. Der Bau ist zwar sehr einfach, verdeutlicht uns aber, dass es nicht viel braucht, um die Landschaft zu bewundern. Über eine kleine Wiese direkt vor uns können wir hier gut behütet auf die in etwas weiterer Entfernung liegenden Hügelketten des Bayerwalds blicken. Wie die Waldwogen da vor uns liegen, hat es schon beinahe etwas Meditatives …

Pavillon bei Gschwendet

Das Gebiet rund um den Haidel gehört den Bayerischen Staatsforsten. Betreut wird es vom **Forstbetrieb Neureichenau**, der vor allem ein riesiges zusammenhängendes Gebiet im Nordosten des Landkreises Freyung-Grafenau bewirtschaftet.

Mit der ersten Panoramaprise im Gepäck geht's weiter der Trans Bayerwald folgend. Durch Gschwendet hindurch, den vorerst tiefsten Punk erreichend, landen wir in einem Teilstück, in dem sich lichte Flächen mit einzelnen Häusern und Waldbereichen abwechseln. Dabei wird's in der Tendenz ab sofort eher ansteigend im Gelände. Nach insgesamt 9,3 Kilometern verlassen wir schließlich die Trans Bayerwald für einen kurzen Abstecher. Denn lediglich 150 Meter hinter der eigentlichen Rechtsabzweigung unserer Route liegt die **Wallfahrtskapelle Kohlstattbrunn** ❷ als lohnendes Zwischenziel. Seit dem 18. Jahrhundert pilgern Menschen hierher, wo heutzutage neben einer Stein- auch eine Holzkapelle steht. Also nehmen wir noch mal Platz, halten inne und tanken unsere Akkus erneut auf. Denn vor uns liegt nun der anstrengende Teil des Tages.

Wieder zurück auf der Trans Bayerwald, wartet der erste steile Anstieg auf uns. Knackige 120 Höhenmeter müssen wir überwinden, um nach **Obergrainet** zu kommen. In der Ortschaft tauchen wir aus dem Waldmeer auf und können auf einem kurzen Flachstück linker Hand weite Ausblicke in die uns umgebende Landschaft genießen. Bald schon führt uns der Radweg aber wieder rechts weg, den Berg hinauf. Zunächst passieren wir auf einer Wiese die **1000-Höhenmetermarke ③,** welche durch einen bunt bemalten Stein gekennzeichnet ist. Spätestens ab hier sind wir mit anderen Naturfreunden also per Du. Am Ende der Wiese liegt ein **Wanderparkplatz,** den wir geradeaus passieren, um tiefer in den dunklen Wald vorzudringen.

Knapp 100 Höhenmeter später zweigt die Trans Bayerwald – und somit auch wir – links ab. Kurz danach haben wir das steilste Stück endgültig gemeistert.

Für die Seele

Eintauchen in die Vergangenheit! Das steht heute auf dem Plan. Schnell wird klar: Hart war's schon, aber auch traumhaft schön.

Kohlstattbrunn

1000-Höhenmeter-Marke

Haidel

Da wir dem über uns liegenden Gipfel immer näherkommen, wird auch der Baumbestand um uns herum mit jedem weiteren Pedaltritt lichter. Fast ganz oben angekommen, zweigt die Trans Bayerwald nach insgesamt knapp 15 Kilometern links ab. Wir aber nehmen den direkt angrenzenden Höhepunkt natürlich noch mit, biegen also rechts in Richtung Haidel ab. 300 Meter später haben wir den höchsten Punkt unserer Route, den Gipfel des Berges **Haidel 4**, erreicht. Direkt hinter einem Funkturm liegt ein mächtiger Aussichtsturm aus Holz, an dem wir unser Rad vorläufig abstellen.

*Der 35 Meter hohe **Turm am Haidel,** auf 1167 Metern über dem Meeresspiegel gelegen, entstand 1998 unter der Regie der Waldvereinssektion Leopoldsreut. Es ist der dritte Aussichtsturm an dieser Stelle. Seine Pfeiler bestehen aus riesigen Douglasienstämmen.*

Bevor wir uns aufmachen, das Bauwerk zu erklimmen, schnaufen wir einen Moment durch und schlendern am Fuße des Turmes durch ein Meer an Infotafeln, die allerlei Tipps für die Region bereithalten. Wieder richtig bei Kräften, steigen wir schließlich die 158 Stufen empor. Oben kommen wir aus dem Staunen gleich gar nicht mehr heraus. Es liegt ein fantastisches 360-Grad-Panorama vor uns. Und selbst Ortsunkundige können dank großformatig gedruckter Orientierungskarten leicht herausfinden, welche Orte, Berge und sonstigen Landmarken sich vor unseren Augen präsentieren. Ganz so schnell kommen wir also nicht wieder herunter.

Wege am Haidel

Nachdem wir uns vom Weitblick lösen konnten, radeln wir, mit der Gewissheit, die größte Schwierigkeit bereits gemeistert zu haben, zurück zur Trans Bayerwald, der wir ab der Kreuzung von vorhin aber nur noch für rund 400 Meter folgen. Dabei ist der Wald um uns herum nochmals besonders licht, sodass sich weite Ausblicke in die Landschaft ergeben. Schließlich kommen wir zu einer gro-

Kirche in Leopoldsreut

Altes Schulhaus
in Leopoldsreut

ßen Kreuzung, an der wir den Fernradweg verlassen, um rechter Hand in Richtung Leopoldsreut abzubiegen.

Weitere 600 Meter später erreichen wir das einstige Dorf **Leopoldsreut** ⑤. Auf einer weiten Lichtung stehen heutzutage nur noch die **Sankt-Johannes-Nepomuk-Kirche** und ein massives, teilweise mit Holz verkleidetes, altes **Schulhaus.** Dies war bis zur Stilllegung das höchstgelegene Klassenzimmer Deutschlands. Beide Anwesen sind zwar in gutem Zustand, in Betrieb ist hier auf über 1100 Metern jedoch nichts mehr. Es sind nur noch die Reste der 1618 gegründeten Ortschaft. In den 1960er-Jahren wanderten die letzten Bewohner ab, seitdem wurde der Großteil der einst über 20 Häuser abgerissen.

Ein Grund für den Rückzug: Die schneereichen Winter sorgten für vielerlei Entbehrungen. Regelmäßig war Leopoldsreut für mehrere Tage von der Außenwelt abgeschnitten. Diese Weite und Einsamkeit spüren wir noch heute, wenn wir uns auf einer der Sitzgelegenheiten niederlassen und uns vorstellen, welch hartes Leben es in der rauen Höhenlage einst zu meistern galt. Der Ausblick war dafür gigantisch. Davon können wir uns selbst überzeugen, indem wir an der Kirche vorbei in einen kleinen Stichweg hineingehen, der mit **Lusenblick** ⑥ beschildert ist. Von dieser Stelle aus sehen wir nicht nur den 1373 Meter hohen Berg Lusen, sondern eine breite Phalanx grüner Bayerwaldgipfel. Ehe wir uns wieder in den Sattel schwingen, gehen wir zurück zur Kirche, der wir auch einen kurzen Besuch abstatten.

Das verschwundene Dorf mit seinen Wiesen talwärts hinter uns lassend, machen wir uns auf, einige Höhenmeter bergab zu düsen. Dafür biegen wir bei der ersten Möglichkeit linker Hand in eine Forststraße ein. Auf dieser Trasse bleiben wir gut 1,5 Kilometer, ehe wir uns an der ersten Forstweggabelung scharf links halten, um wenig später abermals scharf abzu-

*Die **Sankt-Johannes-Nepomuk-Kirche** ist nicht nur das höchstgelegene Gotteshaus im Bistum Passau, sondern im ganzen Bayerischen Wald. Im Inneren des frei zugänglichen Gebäudes hängen viele alte Fotografien, die das einst rege Treiben im Dorf zeigen.*

schwenken, diesmal nach rechts. So kommen wir zu einer weiteren Serpentine, hinter der wir stets geradeaus weiterrollen, um nach insgesamt 21,5 Kilometern die **Herzogsreuter Klause** 7 zu erreichen. Am ehemals zur Holztrift, also dem Transport schwimmender Baumstämme, von Menschenhand angelegten See holen wir tief Luft und genießen die einmalige, ruhige Wasserstimmung inmitten des Waldes. Den direkten Kontrast gibt's am Ausfluss des künstlichen Gewässers, wo das kühle Nass in Massen gen Tal rauscht.

Blicken wir zurück zur Forststraße, aus der wir gekommen sind, nehmen wir für den Rückweg den Kiesweg direkt links davon. Der bringt uns in 600 Metern zurück auf einen uns bereits bekannten Radweg, die **Trans Bayerwald.** In diese biegen wir links ein. Im Bergauf-bergab-Mix geht's zurück in Richtung Zivilisation. Nach 24,3 Kilometern stehen wir abermals an der **Staatsstraße 2130.** Für rund 4 Kilometer radeln wir nun auf dieser wenig befahrenen Teerstraße dahin, teils

Herzogsreuter Klause

auf-, teils absteigend. Auch wenn uns der harte Untergrund mehr Tempo als im Wald erlaubt, sollten wir ab und zu die Landschaft um uns herum in Augenschein nehmen. Der offene Mix aus Wald, Bach und Moor zeigt hier nämlich seinen besonderen Reiz. Dazwischen passieren wir die Ortschaften **Schwarzenthal** und **Fuchsreut.**

Schließlich rollen wir in Bischofsreut ein. Direkt im Zentrum, wo unsere Hauptstraße einen Rechtsknick macht, biegen wir links auf die Straße **Unteres Dorf** ab. 300 Meter später geht's rechts in den **Säumerweg** und schon lassen wir Bischofsreut wieder hinter uns. An einem Skilift vorbeiradelnd, düsen wir eine kurze, knackige Abfahrt hinab nach **Marchhäuser.** Das Dorf durchqueren wir einmal von West nach Ost, um wenig später am einstigen Eisernen Vorhang zu stehen. Mittlerweile ist die **Landesgrenze** **8** zwischen Deutschland und Tschechien aber nur noch an einem schlichten Schild auszumachen. Am Grenzpfahl knipsen wir ein Erinnerungsfoto und biegen ein paar Meter zurück auf deutscher Seite in den **Iron Curtain Trail** ein.

Grenze Marchhäuser

Haidmühle ist auch im Winter ein sportliches Zentrum. Dann wird der Ort zum Stützpunkt für ***Hundeschlitten.*** *Neben vielen Trainingseinheiten findet jedes Jahr ein großer Wettkampf statt. Sogar Welt- und Europameisterschaften wurden hier schon ausgetragen.*

Nun wird's kurzzeitig recht eng und erdig unter unseren Reifen. Bald haben wir jedoch wieder Kies vor uns. Links und rechts können wir jetzt noch mehr Einblicke in die moorige Landschaft rund um Haidmühle gewinnen, erst noch mit viel Wald, später mit viel Licht – und oft mit bestem Blick aufs Dreisesselmassiv. Nach circa 31,5 Kilometern mündet unsere Route wieder in eine Nebenstraße, die uns, weiter dem Fernradweg folgend, parallel zur Grenze durch die Orte **Auersbergreut** und **Theresienreut** führt. Kurz darauf erreichen wir die ersten Anwesen von **Haidmühle.** Dabei überqueren wir auch die **Kalte Moldau,** einen der beiden Quellflüsse der Moldau.

Wenig später biegen wir links in die Dreisesselstraße ein, um diese sofort wieder nach links in Richtung **Max-Pangerl-Straße** zu verlassen. An der nächsten Kreuzung wartet der **Gasthof Strohmeier** 9 auf uns, der uns kurz vor Ende unserer Tour die ideale Möglichkeit zur Einkehr bietet. Nach der Stärkung verlassen wir das Wirtshaus auf einem neuen Fernradweg, dem **Do-**

nau-Moldau-Radweg, der uns weiter auf der Max-Pangerl-Straße südwärts durchs Dorf führt.

Nachdem wir, den Radwegweisern folgend, noch mal auf die **Dreisesselstraße** einschwenken, biegen wir hinter einer **Tankstelle** rechter Hand ab, um die Straßen wieder hinter uns zu lassen. Die letzten 5 Kilometer des Tages verlaufen mitten im Wald auf einem kiesigen Radweg, meist leicht ansteigend auf einer ehemaligen Bahntrasse. So rollen wir, stets den Donau-Moldau-Markierungen folgend, bis **Frauenberg,** wo wir kurz vor der **Staatsstraße 2130** links abschwenken, um wenig später auf diese zu treffen. Hier biegen wir rechts ein, um 100 Meter weiter mit vielen spannenden Eindrücken im Kopf wieder unseren Ausgangspunkt zu erreichen.

Dreisesselblick

Hraniční potok/Wagenwasser
České Žleby
Žlebský kopec
Schwarzbach
TSCHECHIEN
DEUTSCHLAND
Philippsreuter Wald
Philippsreut
St 2130
Hauptstraße
Bischofsreut
Kaprad'
Sulzberg
Auersbergsreut
Lichtenberg
Weberaubach
Theresienreut
St 2130
Haidmühle
Goldgrubenbach
Kalte Moldau
Haidel
Kreuzbach
Graineter Wald
Rothbach
Mirasatbach
FRG 13
Ober-
grainet
Hobels-
berg
Gschwendet
Schmiedseige
Osterbach
Frauenberg
St 2130
Hinterfreundorf
Vorderfreundorf
Altreichenau
Klausgupf

Alles auf einen Blick

WIE & WANN:
Großteils kiesige Forstwege und Nebenstraßen, in Teilen aber auch leichte Waldwege. Beste Zeit: Anfang Mai bis Ende Oktober

HIN & WEG:
Auto: Wanderparkplatz an der Staatsstraße 2130, Frauenberg 11, 94145 Haidmühle (GPS: 48.792861, 13.754951)
ÖPNV: Keine ÖPNV-Anreisemöglichkeit für Radfahrer

ESSEN & ENTSPANNEN:
Gasthof Pension Strohmaier ❾ Kirchbergstraße 25, 94145 Haidmühle, Tel. (0 85 56) 4 90, www.haidmuehle-hotel.de

Entspannung ✱✱✱ (3 von 5)
Genuss ✱✱✱ (3 von 5)
Romantik ✱✱✱✱ (4 von 5)

ENTDECKEN & ERLEBEN:
Pavillon bei Gschwendet ❶
Wallfahrtskapelle Kohlstattbrunn ❷
1000-Höhenmetermarke ❸
Haidel mit Aussichtsturm ❹
Leopoldsreut mit Sankt-Johannes-Nepomuk-Kirche und Schulhaus ❺
Lusenblick ❻
Herzogsreuter Klause ❼
Landesgrenze ❽

- 54,1 Kilometer
- 990 Höhenmeter
- 6 Stunden
- Rundtour

Grenzübergang zwischen Tschechien und Österreich

Dass der Bayerische Wald an Tschechien grenzt, ist den meisten Besuchern der Region schon bewusst. Dass im südöstlichsten Teil des Mittelgebirges aber auch noch ein drittes Land darauf wartet, entdeckt zu werden, kommt für viele Ausflügler dann doch überraschend. Aber ja, hier beginnt bereits Österreich. Unsere heutige Tour verbindet alle drei Länder miteinander. Dafür müssen wir uns aber auch einen ganzen Tag Zeit nehmen. Also: Los geht's!

Nové Údolí

Unsere Runde startet in **Haidmühle** an einem Wanderparkplatz, von dem wir kurz rechts in die **Dreisesselstraße** und gleich halb links in die **Max-Pangerl-Straße** abzweigen. Am **Gasthof Strohmaier (1),** der sich bei der Rückfahrt noch ideal zum Abkehrschwung mit solider Wirtshausküche eignet, biegen wir links ab und folgen für weite Teile des Tages von nun an der vom Landkreis Freyung-Grafenau markierten **Drei-Länder-Runde.** Auf der Neuthaler Straße verlassen wir den Ort, um über offene Landschaft mit Dreisessel-Blick Richtung Grenze zu radeln. Nach 1,5 Kilometern sind wir in Tschechien, genauer gesagt im **Nationalpark Šumava,** angekommen. Kurz hinter dem ehemaligen Schlagbaum liegt das Bahnhofsareal von **Nové Údolí –**

Dreierlei Länder

Am Dreisessel zum Plöckensteiner See

Schwarzenbergscher Schwemmkanal

mit nostalgischem Bahnhofsflair nebst **Café** im alten Waggon. Nach einem kleinen Rundgang folgen wir weiter unserem Radweg.

Leicht bergauf radeln wir zunächst an Dutzenden Bäumen und gesprenkelten Wiesen vorbei, ehe wir spätestens nach der zweiten Gabelung, die wir rechter Hand genommen haben, richtig tief in den Wald eintauchen. Dieser ist überwiegend recht jung, weil im Nationalpark der natürlichen Waldentwicklung freier Lauf gelassen wird. Wer mit offenem Auge dahinradelt, wird schnell das Besondere im Wilden erkennen.

*Als achtes Weltwunder wurde der **Schwarzenbergsche Schwemmkanal** gefeiert. Der 52 Kilometer lange Kanal galt Ende des 18. Jahrhunderts als Meisterleistung der Ingenieurkunst – und machte die Fürsten von Schwarzenberg reich. Auf diesem Weg landete Brennholz in Wien.*

Nach rund 4 Kilometern haben wir den ersten Anstieg geschafft, nun rollen wir flach dahin bis zum Bächlein **Světlá,** einem Quellfluss der Kalten Moldau, das wir überqueren, um gleich dahinter rechts abzubiegen. Wenig später, nach 5,3 Kilometern, haben wir den Ort erreicht, an dem der **Schwarzenberský plavební kanál 2,** zu Deutsch Schwarzenbergscher Schwemmkanal, beginnt. Hier steigen wir ab und werfen einen

Blick auf den **Rosenauer-Gedenkstein ③**, welcher zu Ehren des erfinderischen Ingenieurs errichtet wurde. Den zur Holztrift angelegten nicht einmal 3 Meter breiten Kanal können wir die nächste Zeit noch ausgiebig bestaunen. Fast 10 Kilometer folgen wir dem künstlichen Wasserweg und seinem minimalen Gefälle. Dabei schlängelt sich die Trasse direkt am Hang entlang durch den mystischen Böhmerwald.

Nach 14,8 Kilometern verlassen wir den Kanal, indem wir ihn erst überqueren und dann den Markierungen zum **Plešné jezero ④**, dem Plöckensteiner See, folgen. Der Gletschersee liegt auf rund 1100 Metern über dem Meeresspiegel, sodass wir bis zu seinen Ufern auf etwa 4 Kilometern gut 180 Höhenmeter

Rosenauer-Denkmal

Für die Seele

Ein langer Tag mit drei Ländern liegt vor uns. Besonders freuen wir uns auf das mystische Plätschern des Wassers, welches uns lange Zeit begleitet.

überwinden müssen. Durch immer wilder werdenden Wald meistern wir aber auch diese Herausforderung. Und der malerische **Plešné jezero** entschädigt sowieso für alle Mühen.

Wie viele Karseen der Region, ist er von einer hoch aufragenden Felswand umrahmt, auf deren höchstem Punkt der Gipfel des 1379 Meter hohen **Plechý** (Plöckenstein) thront. Wer ganz genau hinschaut, erkennt mitten im Hang das **Adalbert-Stifter-Denkmal.** Dem in der Region sehr bekannten Dichter zu Ehren wurde der Granitobelisk mit Blick auf den Plešné jezero gut 100 Höhenmeter unter dem Gipfel errichtet. Bei dieser spannenden Aussicht macht die Rast gleich doppelt glücklich. So lassen wir uns auch genügend Zeit, um alle Natureindrücke in uns aufzunehmen.

*Der **Nationalpark Šumava** ist deutlich jünger als sein bayerisches Pendant. Dafür ist er gut dreimal so groß – und reicht im Südosten bis hinunter ins Dreiländereck. Zusammen bilden die beiden Nationalparks das größte Waldschutzgebiet Mitteleuropas.*

Zurück geht's zunächst auf derselben Trasse. Nun haben wir auch die Muße, den sich uns bietenden **Blick**

Plöckensteinersee

auf den Moldaustausee zu würdigen, der uns beim Hochfahren noch verborgen blieb. Nach knapp 3 Kilometern biegen wir dann rechts in Richtung Österreich ab. Dafür rollen wir nun im ständigen Bergauf und Bergab erst mal weiter durch teils recht lichte Nationalparkwälder, wobei wir uns an einer Gabelung rechts halten. Bei der zweiten Gabelung, nach 26,2 Kilometern, müssen wir wieder rechts abbiegen. Da hier, fern jeglicher Siedlung mitten im Wald, der **Kiosk Hirschröhren** 5 liegt, lohnt es sich durchaus abzusteigen und ein letztes Mal die böhmische Luft in vollen Zügen zu genießen. Und auch das böhmische Bier soll ja besonders gut sein … Vielleicht begnügen wir uns an dieser Stelle aber lieber mit einem Radler, denn es geht noch steil bergauf.

Gute 120 Höhenmeter später stehen wir bereits das zweite Mal an einer **Staatsgrenze,** diesmal zwischen

Baum-Weißling
auf Distel

Tschechien und Österreich. Mit dem österreichischen Bundesadler als Motivation radelt es sich gleich viel leichter weiter – vor allem, weil nun auch erst mal eine Abfahrt vor uns liegt. Hinter der Grenze verlassen wir die Drei-Länder-Runde, um dem geradeaus weisenden Radweg zu folgen. So düsen wir durch den dichteren Wald des Mühlviertels bergab, bis wir das **Skigebiet Hochficht** erreichen. Den Rehberglift kreuzend, fahren wir zunächst hinauf zu dessen Bergstation. Oben angekommen, biegen wir links ab, fahren unter der Zwieselbergbahn hindurch und halten uns kurz dahinter halb rechts. Orientierung gibt uns der markierte **Böhmerwaldweg.**

Vor uns liegen nun knapp 4,5 waldige Kilometer ohne größere Höhepunkte. Lediglich den Weiler **Holzschlag** passieren wir auf der schattigen Passage. Am Ende des Forstwegs biegen wir links in die Plöckensteinstraße ab. 300 Meter später gibt's erst mal eine Waldpause. Vor uns öffnet sich plötzlich die Landschaft und gibt ein fantastisches Panorama frei. So blicken wir auf das unter uns liegende Dorf sowie auf die Hügel des oberösterreichischen Böhmerwaldes. Nun aber abwärts: An saftigen Wiesen und den ersten Häusern vorbei, rollen wir ins Tal, wo wir auf **Schwarzenberg am Böhmerwald** treffen, das wir soeben schon aus der Vogelperspektive bestaunen konnten.

An der **Hauptstraße** angekommen, halten wir uns rechts. So steuern wir direkt auf das **Hotel Bergkristall** ❻ zu, in dem wir typisch regionale Küche genießen können. Ob mit oder ohne Einkehr: Weiter geht's auf der Hauptstraße, die uns unter anderem zum **Freibad** ❼ bringt. Im Falle besten Wetters und genügend Platz im Rucksack für die Badeutensilien würde sich hier natürlich noch ein erfrischender Stopp anbieten. Das Badevergnügen gibt uns vielleicht noch die nötige Kraft, die wir für den kommenden Anstieg brauchen werden.

Einzige Schiebestelle:
der Grenzübergang zwischen
Österreich und Deutschland

Aussicht bei Frauenberg

Am Ortsende biegen wir von der **Hauptstraße** rechts in die **Glashüttenstraße** und bei der nächsten Möglichkeit abermals rechts in den **Papiermühlenweg** ab. Ein markierter Radweg hilft uns jeweils, die passenden Abzweigungen zu nehmen. Die kommenden 600 Meter haben es in sich. Weil wir dabei 75 Höhenmeter zu bewältigen haben, gehört diese kurze Passage zu den steilsten Abschnitten des Tages. In der nächsten Siedlung wieder rechts in die Glashüttenstraße abbiegend, wird es noch nicht wirklich erholsamer.

Das ***Dreiländereck*** *selbst ist nicht mit dem Rad erreichbar. Zu Fuß gelangt man dorthin am leichtesten vom Parkplatz direkt unterhalb des Dreisesselbergs auf deutscher Seite. Knapp 1,5 Stunden sollte man bis zur dreieckigen Grenzsäule aus Granit einplanen.*

Wir fahren weiter steil bergauf – vorerst stets geradeaus auf der Straße, die uns am Waldrand vorbei nach **Oberschwarzenberg** führt. Im Dorfzentrum folgen wir dem Linksknick der Trasse, die alsbald **Steinweg** heißt und nun allmählich an Steilheit verliert. Nicht mehr ganz so ansteigend, geht's abermals in den Wald. Dabei kommen wir an den letzten Häusern auf österreichischem Grund vorbei, ehe ein **Parkplatz** die baldige Rückkehr nach Deutschland signalisiert. Ab hier folgen wir wieder der Drei-Länder-Runde, die uns direkt zum Grenzbach, dem **Gegenbach,** bringt. Über die

Landesgrenze schieben wir, da der Weg hier direkt durch Trittsteine im flachen Wasser des zu durchquerenden Grenzbachs führt.

Wieder in Bayern, wird der Radweg sofort wieder breiter. Für gute 2 Kilometer geht's aber noch sanft bergauf. Erst nach rund 43,8 Kilometern Gesamtlänge haben wir den Anstieg auf etwas über 1000 Metern über Normalnull endgültig gemeistert. Im Wechsel von Flach- und Bergab-Abschnitten rollen wir gemütlich durch dichten Wald, wobei sich anfangs ab und zu Blicke ins unter uns liegende Tal eröffnen. Später wird das Meer aus Bäumen um uns herum wieder dichter. Und jederzeit ragt rechts über uns das imposante Dreisesselmassiv auf – mit seinen vielen über die drei Länder verteilten Gipfeln. Erst nach knapp 49 Kilometern lassen wir den Berg langsam hinter uns, wenn wir das Dorf **Frauenberg** erreichen.

*Wer noch mag, kann am Ende der Tour einen Abstecher zum **Dreisesselberg** machen. Dafür in Frauenberg der Trans-Bayerwald-Beschilderung folgen. Der schweißtreibende, aber lohnende Panoramaschlenker bringt weitere 440 Höhenmeter in die Tagesbilanz ein.*

Weiter der Drei-Länder-Runde folgend, biegen wir im Dorfkern kurz links in die Staatsstraße 2130 ein, die wir aber nach 200 Metern bereits wieder rechter Hand verlassen. Ein bisschen bleiben wir den Häusern des Ortes noch treu, ehe wir ein letztes Mal in den Wald abtauchen. Auf diesem Teilstück folgen wir gleich mehreren Fernradwegen. Zum einen ist das der **Donau-Moldau-Radweg,** der die beiden Ströme miteinander verbindet. Zum anderen ist es der **Adalbert-Stifter-Radweg,** der wie das Monument am Plöckenstein dem in dieser Ecke des Böhmerwaldes omnipräsenten Dichter geweiht ist.

*„Waldwoge steht hinter Waldwoge": Mit dieser Beschreibung des Mittelgebirges ist untrennbar der Dichter **Adalbert Stifter** verbunden. Der Biedermeierautor prägt bis heute das Bild der Region. Für seine Werke fand er nicht nur am Dreisessel Inspiration.*

Am Ende des Tages erreichen wir **Ludwigsreut,** welches grenzenlos in **Haidmühle** mündet. Noch mal links in die **Dreisesselstraße** einbiegend, halten wir uns am Rathaus geradeaus, um in die **Max-Pangerl-Straße** zu rollen. Die bringt uns direkt zum **Gasthof Strohmaier,** an dem wir kurz nach dem Start schon vorbeigeradelt sind. Diesmal gönnen wir uns hier aber noch einen Halt samt zünftiger Einkehr. Die letzten rund 150 Meter schaffen wir nämlich auch mit vollem Magen.

Stožec
Auersbergsreut
Studená Vltava
Theresienreut
Nové Údolí
St 2130
Haidfilz
P
1
Kalte Moldau
Haidmühle
Jelení vrch
Schwarzenbergscher Schwemmkanal
Kamenná
Václavova hora
Schwarzenberský plavební kanál
Plešivec
Kreuzbach
Mirasatbach
FRG 13
Špičák
3
2
V pařezí
St 2130
Frauenberg
Habergrasberg
Koňský vrch
Kobylí hlava
Dreisessel
Nationalpark Šumava
Vysoký hřeben
4
Plešné jezero
5
Klausgupf
Hochwald
TSCHECHIEN
Plechý (Plöckenstein)
Schreiender Michl
Bayerischer Plöckenstein
DEUTSCHLAND
ÖSTERREICH
Schimmelbach
Teufelsschüssel
Studničná
FRG 8
Oberschwarzenberg
Neureichenau
Riedelsbach
Böhmer-wald
Rehberg
Lackenhäuser
L 1561
St 2630
7
6
Hartmannsbach
Zwieselberg
Klafferbach
St 2130
Gegenbach
Schwarzenberg am Böhmerwald
Klafferstraß
Dachsberg
Großer Michlbach
Michlegg
L 589
L 1559
Große Mühl
Panidorf
Breitenberg
PA 80
St 2128
L 1560
L 1556
Klaffer am Hochficht

Alles auf einen Blick

WIE & WANN:
Der Großteil der Tour verläuft abseits des Verkehrs auf Radwegen. Kleinere Teilstücke führen über Nebenstraßen. Beste Zeit: Anfang Mai bis Ende Oktober

HIN & WEG:
Auto: Wanderparkplatz in der Bischofsreuter Straße, 94145 Haidmühle (GPS: 48.827903, 13.773950)
ÖPNV: Keine ÖPNV-Anreisemöglichkeit für Radfahrer

ESSEN & ENTSPANNEN:
Gasthof Pension Strohmaier ❶ Kirchbergstraße 25, 94145 Haidmühle, Tel. (0 85 56) 4 90, www.haidmuehle-hotel.de
Imbiss Hirschröhren ❺
Hotel Bergkristall ❻ Hauptstraße 9, 4164 Schwarzenberg am Böhmerwald, Österreich, Tel. +43 (0 72 80) 2 01 20 30

ENTDECKEN & ERLEBEN:
Schwarzenberský plavební kanál ❷
Rosenauer-Gedenkstein ❸
Plešné jezero ❹
Freibad ❼ Hauptstraße 17, 4164 Schwarzenberg am Böhmerwald, Österreich, Tel. +43 (0 72 80) 2 55 15, www.schwarzenberg.co.at

Entspannung ✱✱✱✱✱ (3 von 5)
Genuss ✱✱✱✱✱ (4 von 5)
Romantik ✱✱✱✱✱ (5 von 5)

Reschbachklause

- 32,7 Kilometer
- 570 Höhenmeter
- 3,5 Stunden
- Rundtour

Hinauf in eine der abgelegensten Gemeinden des Bayerwaldes! Mauth liegt direkt an der tschechischen Grenze, die wir heute sogar kurzzeitig überschreiten. Die Route steht ansonsten ganz im Zeichen des Reschbachs – und der Geschichte der Region. Es gibt viel zu entdecken.

Los geht's am Park & Ride-Parkplatz am Ortseingang von **Mauth.** Wie der Name schon sagt, ist dieser gut an den ÖPNV angebunden. Eine Igelbus-Linie kommt im Sommerhalbjahr regelmäßig mit Radanhänger vorbei. Die Anreise ohne eigenes Auto ist somit möglich. Da startet der Tag sogar viel entspannter. Gleich beim Aussteigen aus dem Bus – oder dem Auto – springt einem das Wasser direkt ins Gesicht. Am Startpunkt der Tour liegt nämlich der einladende **Badesee** des Ortes. Wer noch Platz im Rucksack hat, sollte also die Badesachen mitnehmen. Die Abkühlung sparen wir uns freilich für später auf.

Zunächst rollen wir auf der **Reschbachstraße** wenige Meter bergab. Es dauert nur einen Wimpernschlag und schon sind wir auf einer Brücke angelangt, die den Reschbach überspannt. Das wilde Gewässer, das im Grenzgebiet entspringt, wird uns immer wieder begegnen. Doch zunächst fahren wir hinein in den Wald. Nach der Brücke biegen wir rechts ab und sehen sogleich den **Parkplatz Jägerstraßl.** Wir radeln linker Hand in Richtung der Parkflächen, fahren damit erstmals in den **Nationalpark Bayerischer Wald** und folgen dem namensgebenden **Jägerstraßl,** einem Forstweg,

Klausenromantik

Von Mauth ins Böhmische

Zum Schutz der sensiblen Natur ist ***Radfahren*** *im Nationalpark nur auf ausdrücklich markierten Radwegen gestattet. Davon gibt es im Schutzgebiet jedoch über 200 Streckenkilometer. Auch auf dem Zweirad lassen sich so viele Höhepunkte erreichen.*

bergauf. An der ersten Weggabelung halten wir uns rechts. Orientierung gibt uns die Radmarkierung mit der Nummer 89.

Es folgt ein rund 3,5 Kilometer langer Abschnitt, der uns einen ersten Eindruck davon vermittelt, welche Naturdynamik die Nationalparkphilosophie „Natur Natur sein lassen“ entfesselt. Denn hier zieht ein spannender Mischwald an uns vorbei. Wenn wir die ersten 160 Höhenmeter bergauf bewältigt haben, erwartet uns die nächste Weggabelung. Abermals halten wir uns rechts und wechseln damit auf den Radweg mit der Nummer 90. Wir fahren nun auf der **Hirschkopfstraße,** ebenfalls einem Forstweg. Oft hangparallel, ab und zu leicht bergauf oder bergab, stoßen wir immer weiter nach Norden vor. Nach etwas mehr als 9 Kilometern kreuzt eine weitere Forststraße unsere Route. Hier steht ein verwunschenes Hexenhäuschen, die **Plöchingersäge** ❶. Das kleine mit Rinden verklei-

Plöchingersäge

dete Holzgebäude war einst ein Waldarbeiterstützpunkt. Heute ist es ein außergewöhnliches Fotomotiv. Nach dem obligatorischen Bild fahren wir geradeaus weiter.

Schwarzbach

In einem leichten Bogen bringt uns der 90er-Weg dabei langsam wieder zurück in die Zivilisation. An der asphaltierten Straße durch das Reschbachtal angelangt, biegen wir linker Hand in diese ein. Wir absolvieren die von der Straße vorgegebene Spitzkehre, wobei wir abermals den Reschbach überqueren, und radeln bergauf in Richtung Freilichtmuseum. Aber auch diese Attraktion lassen wir rechter Hand liegen und steigen weiter empor in den Mauther Ortsteil Finsterau, bis die Museumsstraße in die **Buchwaldstraße** mündet. In diese biegen wir links ein.

Gut 1 Kilometer lang halten wir uns stets geradeaus auf dieser wenig frequentierten Straße. Am **Parkplatz Wistlberg** angekommen, machen wir erst mal eine Pause. Nach insgesamt knapp 14 Kilometern haben wir uns die jetzt auch redlich verdient. Wer eine kühle Erfrischung braucht, marschiert auf der anderen Straßenseite einfach kurz zur Rezeption des Campingplatzes **Anderswo Camp** ❷ und lässt sich mit einem kühlen Getränk versorgen.

Für die Seele

Wasser ist fließendes Leben – und davon gibt's hier viel. Der wilde Reschbach zieht uns förmlich in seinen Bann. Kühles Pausenglück ist garantiert.

Von nun an geht's in kleineren Etappen weiter. Zunächst folgen wir der **Buchwaldstraße,** die ab dem Parkplatz für Autos gesperrt ist. Lediglich der Igelbus fährt noch im Zweistundentakt auf dieser Route Richtung Tschechien. Rund 2 Kilometer geht's stets geradeaus weiter. Die Straße bildet dabei eine interessante Grenze. Linker Hand liegen Nationalparkwälder, die seit 1970 unter Schutz stehen, rechter Hand befindet sich das jüngste Erweiterungsgebiet des Reservats. Erst im Zuge des 50. Jubiläums wurde damit begonnen, diese Flächen von der Bayerischen Forstverwaltung in den Nationalpark zu integrieren. Unterschiede in der Waldentwicklung sieht man aber nahezu nicht, weil auch die Staatsforsten diese Bereiche schon Jahre zuvor aus der Nutzung genommen hatten.

Wir passieren bald den **Schwellgraben** 3 nebst gleichnamiger Bushaltestelle. Kurz darauf verlassen wir die Reschbachstraße für einen kleinen Abstecher. Dabei folgen wir linker Hand der Radwegmarkierung in Richtung **Reschbachklause.** Nicht einmal 1 Kilometer später haben wir den Höhepunkt unserer Erfrischungstour erreicht. Wie aus dem Nichts eröffnet sich inmitten der Waldwildnis plötzlich eine skandinavisch anmutende Wasserfläche, die sich wie eine geschwungene Zunge ins Tal schneidet.

Natürlich ist der See jedoch nicht. Im Zuge der Holztrift wurde der Reschbach an dieser Stelle mithilfe einer rund 5 Meter hohen Dammmauer aufgestaut. Klause oder Schwelle werden solche Orte genannt. Den Holzhauern ging es dabei darum, genügend Wasser anzusammeln, um die gefällten Stämme ins Donautal triften zu können. Schon kurz nach dem Zwei-

*Der **Schwellgraben** wurde angelegt, um Wasser vom Reschbach umzuleiten. Die Erbauer nutzten auf rund 2,5 Kilometern Länge einen Höhenunterschied von nur 75 Metern. So konnten auch an der Teufelsbachklause gefällte Bäume bis nach Passau getriftet werden.*

ten Weltkrieg war es dank Etablierung von Bahn und Lastwagen aber vorbei mit dieser Art des Transports. Die einstigen Bauwerke werden aber – selbst im Nationalpark – für die Nachwelt erhalten. Als Kulturdenkmäler sind sie ganz spezielle Plätze, die an die harte Arbeit der früheren Bevölkerung erinnern. So stellen wir unsere Räder am Radparkplatz ab, nehmen auf einer der hölzernen Sitzgarnituren Platz und lassen die einmalige Stimmung an der **Reschbachklause** 4 auf uns wirken. Lohnend ist auch ein Blick über die Dammkrone gen Tal. Direkt unterhalb des Ausflusses haben Biber eine wilde Wasserlandschaft geschaffen. Da fühlt man sich beinahe wie in den Weiten Kanadas.

Nach der ausgiebigen Rast müssen wir erst mal zurück zur Buchwaldstraße, da der Radweg an der Klause in einer Sackgasse endet. Auf dem Asphaltuntergrund angekommen, biegen wir nach links ab. Linker Hand haben wir dabei stets den Gipfel des **Siebensteinkopfes** im Blick, der jedoch nur per pedes erreichbar ist.

Wilde Natur

Reschbachklause

Wir dagegen halten geradewegs auf den **Grenzübergang Bučina 5**, zu Deutsch Buchwald, zu. An der Wendeplattform für den Igelbus machen wir ein Erinnerungsfoto am Staatsgrenzenschild, rollen über eine kleine Brücke und schon sind wir in Tschechien.

Der kurze Ausflug ins Nachbarland führt uns einige Meter den Gegenhang hinauf. Hier gibt's nicht nur einige zweisprachige Infotafeln des 1991 gegründeten Nationalparks Šumava, sondern auch detailgetreue Nachbildungen der **ehemaligen Grenzbefestigungen 6**. Stacheldraht, Wachtürme und Co. trennten einst die Region. Mittlerweile ist das Überschreiten der grünen Grenze zum Glück wieder ganz ohne Hindernisse möglich. Möglich ist so auch ein kurzer

Eiserner Vorhang

Abstecher auf die Panoramaterrasse des **Hotels Alpská vyhlídka** ⑦, welches direkt an den historischen Nachbildungen liegt.

Nun aber machen wir uns wieder auf den Rückweg. Dafür geht's erst mal zurück nach Deutschland. Nach der Grenze folgen wir zunächst der Buchwaldstraße, diesmal aber ganz ohne Anstrengung. Bergabrollen ist angesagt. Bei der zügigen Fahrt lassen wir jedoch nicht die Beschilderung aus den Augen. Bei der zweiten Möglichkeit, linker Hand in einen markierten Radweg einzubiegen, machen wir davon Gebrauch. So biegen wir kurz vor Erreichen des Anderswo Camps in Richtung **Skistadion** ⑧ ab. Dieses erreichen wir nach einer weiteren kurzen Abfahrt. Dabei mündet der Radweg direkt in den **Filzweg,** dem wir folgen, ehe wir nahe dem Ortskern von Finsterau wieder linker Hand in die Buchwaldstraße einbiegen.

Den nun folgenden Teil der Strecke kennen wir schon von der Anfahrt. Der Buchwaldstraße folgen wir wieder bergab, bis wir rechts in die Museumsstraße

*Hoch gelegen, ist **Finsterau** eines der schneesichersten Langlaufgebiete im Bayerwald. Im Skistadion finden oft hochkarätige Sportevents statt, sogar Weltmeisterschaften für Menschen mit Handicap gab's hier schon.*

Radweg Richtung Freilichtmuseum

Freilichtmuseum Finsterau

abbiegen. Nach einem lockeren Abfahrtskilometer erreichen wir abermals das **Freilichtmuseum ⑨.** Diesmal legen wir einen Stopp ein und stellen die Räder ab. Zum einen, um nach Entrichten des Eintrittsgelds die weitläufige Anlage in Augenschein zu nehmen. Dabei spazieren wir über eine dorfartig angelegte Komposition alter Bayerwaldgebäude, die hier wieder originalgetreu aufgebaut wurden. Die imposanten Höfe bieten detailgetreue Einblicke in das entbehrungsreiche Leben einer Region, die lange weit ab vom technischen Fortschritt lag. Zum zweiten bietet die **Radizierte Tafernwirtschaft D'Ehrn ⑩** die Möglichkeit, in historischem Ambiente feinste bayerisch-böhmische Spezialitäten zu genießen. Und nach dieser anstrengenden Tour können wir die Stärkung auch wirklich vertragen. Sogar deftigere Speisen dürfen auf den Tisch, denn später führt der Weg nur noch talwärts.

*Um Hirschbraten, Apfelstrudel, Saibling und Co. kümmern sich in der **Ehrn** Ulrike und Thomas Kröber mit ihrem Team – und das schon seit 1987. Das Ehepaar war gerade mal 18 und 25 Jahre alt, als es den Schritt in die Selbstständigkeit wagte.*

Nach der Reise in die Vergangenheit setzen wir unsere Tour fort. Zunächst geht's die Museumsstraße bis zur vom Anfang des Tages bekannten Spitzkehre bergab. Nach dieser biegen wir allerdings nicht wieder in den Wald ab, sondern bleiben auf der asphaltierten Straße direkt durch das Flusstal. Sie ist auf dem Großteil der vor uns liegenden Strecke für sämtlichen Kraftverkehr gesperrt, sodass wir genussvoll radeln können. Perfekt macht den Genuss der wild mäandernde **Reschbach,** der nun stets zu unserer Linken bergab rauscht. Bei der gemütlichen Abfahrt halten wir stets die Augen nach tollen Plätzen offen, an denen wir noch einmal eine Bachpause oder einen Fotostopp einlegen können. Gut geeignet

Tafernwirtschaft D'Ehrn

dafür ist zum Beispiel der Rastplatz **Sandriegel ⑪,** an dem wir direkt vorbeikommen. Hier lädt eine gemütliche Naturwiese zur Auszeit direkt am Gewässer ein.

Schließlich kommen wir zum **Parkplatz Jägerstraßl,** den wir diesmal rechts liegen lassen. Kurz dahinter biegen wir links in die Reschbachstraße ein. Nun müssen wir nur noch den Fluss überqueren und ein paar Meter bergauf radeln und schon haben wir unseren Ausgangspunkt erreicht – nach knapp 33 Kilometern mit fast 600 Höhenmetern. Nach diesem stattlichen Pensum freuen wir uns nun auf eine Abkühlung. An warmen Sommertagen springen wir in den **Badeweiher ⑫,** der dank seines Reschbachzuflusses immer für Erfrischung sorgt. Sollte das Thermometer nicht so hoch geklettert sein, können wir zumindest unsere Füße etwas im klaren Nass baumeln lassen. Ein gelungener Abschluss unserer wilden Tour!

Badeweiher Mauth

Siebensteinkopf
St 2127
Farrenberg
Großer Schwarzbach
Tiefe Seige
Mauther Forst
TSCHECHIEN
DEUTSCHLAND
Kleiner Schwarzbach
Reschbach
Reutenstraße
Schreiende Seige
Finsterau
St 2127
Rothbach
Hinterer Stimmelbach
Hochgefeichtet-
stein
Heinrichsbrunn
Mittlerer Stimmelbach
Hohlstein
Schönbrunner Wald
Hohenröhren
Teufelsbach
Zwölfhäuser
Saußwasser
St 2130
Steinbach
St 2127
Mauth
St 2130
FRG 16
St 2127
Große
Kanzel
Kleine
Kanzel
FRG 21

Alles auf einen Blick

WIE & WANN:
Breite Forstwege und wenig frequentierte Straßen, die auf vielen Passagen für den normalen Autoverkehr gesperrt sind.
Beste Zeit: Mitte Mai bis Oktober. In diesem Zeitraum verkehrt auch der Igelbus.

HIN & WEG:
Auto: P&R-Parkplatz, Reschbachstraße, 94151 Mauth (GPS: 48.886748, 13.578338)
ÖPNV: Haltestelle Mauth, P&R-Parkplatz, Linie 603 (Finsteraubus)

ESSEN & ENTSPANNEN:
Anderswo Camp ❷ Buchwaldstraße 52, 94151 Finsterau,
Tel. (0 85 57) 2 78 01 10, www.anderswo-camp.de
Hotel Alpská vyhlídka ❼ Bučina 149, 384 93 Kvilda, Tschechische Republik,
Tel. +42 (03 80) 42 88 88, www.alpskavyhlidka.cz (Hinweis: Es kann in Euro gezahlt werden.)
Radizierte Tafernwirtschaft D'Ehrn im Freilichtmuseum Finsterau ❿
Museumsstraße 51, 94151 Finsterau, Tel. (0 85 57) 3 77, www.ehrn.de

ENTDECKEN & ERLEBEN:
Plöchingersäge ❶
Schwellgraben ❸
Reschbachklause ❹
Grenzübergang Bučina/Buchwald ❺
Rekonstruierte Grenzbefestigung ❻
Skistadion ❽
Museumsdorf Finsterau ❾ Museumsstraße 51, 94151 Mauth,
Tel. (0 85 57) 9 60 60, www.freilichtmuseum.de
Rastplatz Sandriegel ⓫
Badeweiher Mauth ⓬

Entspannung ★★★★☆
Genuss ★★★★★
Romantik ★★★★☆

Kleiner Arbersee mit Inseln

- 24,3 Kilometer
- 620 Höhenmeter
- 3 Stunden
- Rundtour

Ins Wasser springen wir heute zwar nicht, dafür steht ein ganz besonderer See auf der Tagesordnung: der Kleine Arbersee. Warum das Relikt der letzten Eiszeit so spannend ist, erfahren wir später. Zunächst einmal steuern wir den **Parkplatz Scheiben** direkt an der Staatsstraße 2154 zwischen Großem Arber und Lohberg an. Am nördlichen Rand des Parkplatzes startet nicht nur unsere Tour, hier gibt's auch eine große Karte, wo wir uns einen Überblick über den ersten Teil unserer Route verschaffen können. Den ganzen Tag über folgen wir der Markierung MTB 3. So biegen wir am Ende der Parkflächen linker Hand ab – auf eine breite Forststraße.

Radweg-Beschilderung

Für etwas mehr als 7 Kilometer bleibt uns dieser Schotterweg im Wald erhalten. An allen Kreuzungen halten wir uns geradeaus und rollen dabei gemütlich dahin, zunächst leicht ansteigend, später leicht absteigend, als Zwischenziel ist stets Eggersberg markiert. Dabei pendeln wir uns stets um die 1000-Höhenmeter-Linie ein. Die Trasse verläuft übrigens parallel zur deutsch-tschechischen Grenze. Nur gut 500 Meter Luftlinie ist der Höhenkamm des Bergrückens, und somit das Nachbarland, von uns entfernt. Rechter Hand lassen sich sehr nah die Gipfel der Berge Zwercheck, Kleiner Osser und

Tanzende Inseln

Tierisch zum Kleinen Arbersee

Großer Osser erspähen. Wer den Moment erwischt, sieht sogar das Gipfelkreuz des Kleinen Osser auf den Felsen hervorscheinen. Linker Hand können wir an einigen Stellen – in deutlich größerer Entfernung – die markanten Formationen von Hohem Bogen und Großem Arber erkennen.

Nach fast genau 7,5 Kilometern Gesamtstrecke heißt es aufzupassen. Wieder dem Wegweiser in Richtung Eggersberg folgend, nehmen wir eine scharfe Abzweigung nach links. Nun düsen wir zunächst talwärts. Nach dem ersten Abfahrtsteil durch dichten Wald öffnet sich die Landschaft und die ersten Anzeichen von Zivilisation zeigen sich uns – in Form des Dorfes **Eggersberg.** Im Ort halten wir uns an der ersten Kreuzung für einen Mini-Abstecher links. Denn weniger Meter dahinter lädt uns eine schnuckelige **Kapelle** **1** zur ersten größeren Rast des Tages ein. Nach wenigen Treppenstufen stehen wir vor dem schlichten Sakralbau, der über ein großes Vordach verfügt. Darunter suchen wir uns das schattige Plätzchen auf der hölzernen Bank und atmen tief die frische Bergluft

Kapelle Eggensberg

ein. Bevor es wieder losgeht, werfen wir nicht nur einen Blick auf den kleinen Altar, sondern auch auf die traditionellen Totenbretter an der Fassade.

Nach der Pause fahren wir die wenigen Meter zur Hauptstraße des Dorfs zurück und folgen dieser weiter Richtung Tal. Etwa 1,5 Kilometer später erreichen wir **Lohberghütte,** wo wir auf die **Lamer Straße** treffen, in die wir links einschwenken. Augenblicklich finden wir uns auf einer Brücke über den **Weißen Regen** wieder, die uns weiter in Richtung Ortsmitte bringt. An der nächsten Kreuzung halten wir uns rechts – und das gleich zweimal. Am Beginn der **Schwarzenbacher Straße** lassen wir die Haltestelle der Arberseebahn

__Luchse__ gibt's im Bayerwald nicht nur in Gehegen, sondern auch in freier Wildbahn. Im 19. Jahrhundert wurde die größte europäische Wildkatze in der Region zwar ausgerottet, doch dank Wiederansiedlung sind die scheuen Pinselohren wieder zurück.

Für die Seele

Ein unbeschreiblich schönes Naturwunder. Genau das ist der Kleine Arbersee. Hier Kraft tanken zu können, entschädigt locker für die Mühen der Anfahrt.

rechts liegen und erreichen 100 Meter später den Eingang des **Tierparks Lohberg ❷,** der Grund genug für eine längere Radelpause ist. Nach dem Begleichen des Eintritts schlendern wir gemütliche 1,5 Kilometer zwischen rund 40 Gehegen vorbei und bestaunen dabei unter anderem Wolf, Luchs, Elch, Wildkatze, Auerhahn und Habichtskauz.

Nach dem spannenden Ausflug in die Tierwelt des Bayerischen Waldes geht's zurück in den Sattel – zunächst zurück zur **Lamer Straße,** in die wir rechter Hand einbiegen, nur um kurz danach rechts in die **Sommerauer Straße** einzuschwenken. Wir befinden uns nun auf knapp 600 Höhenmetern – und somit auf dem tiefstgelegenen Abschnitt der Tour. Es liegt also noch einiges an Arbeit vor uns. Zunächst aber genießen wir eine luftige Kombination aus saftigen Wiesen und kleinen Dörfern. Am Anfang der Passage queren wir abermals den **Weißen Regen,** den wir hier – auf der Nebenstraße – noch mal ausgiebig bestaunen können. Danach passieren wir die Ortschaften Zackermühle und Sommerau, wo wir uns an der Kreuzung in der Ortsmitte rechts halten, um auf der Arberseestraße weiterzufahren. Diese führt uns nicht nur immer nä-

Fischotter im Tierpark Lohberg

Wollgras am Kleinen Arbersee

her heran an den Weißen Regen, sondern auch wieder hinein in den schattigen Wald. An einer weiteren Kreuzung halten wir uns rechts, um wenig später nicht nur zum dritten Mal den **Weißen Regen** zu queren, sondern auch den **Wanderparkplatz Reißbachbrücke** zu erreichen. Ab hier ist unser Weg für Autos und Co. gesperrt.

Auf den nächsten 2,5 Kilometern müssen wir nun etwas über 200 Höhenmeter überwinden. Achtung: Nach den ersten 800 Metern halten wir uns weiter geradeaus auf der Teerstraße und ignorieren die linker Hand abzweigende Radwegmarkierung. Den Höhepunkt des Tages schon im Blick, biegen wir nach genau 17 Kilometern schließlich links von der Straße ab, um wenige Meter später vor dem **Kleinen Arbersee** ❸ zu stehen. Bevor wir die Naturschönheit genauer unter die Lupe nehmen, steuern wir aber direkt auf das **Seehäusl** ❹ zu – schließlich haben wir uns jetzt eine Stärkung verdient. Auf der Terrasse der Wirtschaft können wir das kleine Naturschutzgebiet dann schon genauer unter die Lupe nehmen.

*Die schwimmenden Inseln im **Kleinen Arbersee** bestehen aus Seggen und Torfmoosen. Durch den Anstau des Sees haben sich Teile der moorigen Schicht am Uferrand gelöst und treiben nun – ohne Verbindung zum Untergrund – auf der Wasserfläche.*

Mooshütte

Wer noch genug Energie hat, kann per pedes den kompletten See umrunden. Dabei ist man – wie im Tierpark – 1,5 Kilometer unterwegs. Aber auch vom **Nordufer** aus, wo unsere Radroute weiterverläuft, hat man tolle Einblicke in die Welt des einstigen Gletschersees. Hier liegt etwa der Ausfluss des Sees, also der Ursprungsort des Weißen Regens. Aber auch die auf der Seeoberfläche tanzenden Inseln lassen sich vom Nordufer aus gut beobachten. Daneben gibt's spannende Infotafeln über die besondere Flora und Fauna rund um den See.

Wer das kleine Wildniswunder zur Genüge genossen hat, verlässt es in östlicher Richtung, weiter der MTB 3-Markierung folgend. Nach den vorherigen Anstiegen geht's nun knapp 500 Meter auf erdigem, wurzeligem und steinigem Untergrund steigungsfrei dahin. An der ersten Kreuzung halten wir uns links kurz bergab, nun einer Schotterstraße folgend. Nach weiteren 200 Metern geht's wieder rechts hinauf auf geteertem Untergrund. Und rund 1,3 Kilometer hinter dem See erreichen wir schließlich die **Mooshütte.** Im dort inmitten einer großen Lichtung gelegenen **Berghotel** ❺ haben wir noch einmal die Gelegenheit einzukehren. Gerade an sonnigen – und somit gut frequentierten – Wochenendtagen im Sommer und Herbst ein guter Tipp, um dem dann am Kleinen Arbersee eventuell emsigeren Treiben zu entfliehen.

Wir halten uns auf der Nebenstraße, die uns schon hierhergeführt hat, weiter bergauf. Mit moderater Steigung nähern wir uns mehr und mehr der **Staatsstraße 2154.** In diese etwas höher frequentierte Straße biegen wir schließlich linker Hand für die letzten 3,5 Kilometer des Tages ein. Nun rollen wir nahezu eben zurück Richtung Ausgangspunkt. Nicht aber, ohne noch einen letzten Höhepunkt zu passieren. Etwa auf der Hälfte dieses Teilstücks liegt die **Hindenburgkanzel** ❻. Die Felsformation ist direkt von einem an der Straße liegenden Parkplatz über ein paar Dutzend Stufen zu erreichen. Am Aussichtspunkt angekommen, genießt man einen famosen Blick auf das Arbermassiv und die umliegenden Berge. Ein Panorama, das uns noch lange im Gedächtnis bleiben wird.

*Die beiden **Kuppeln am Gipfel des Großen Arbers** dienen der militärischen und zivilen Luftüberwachung. In Zeiten des Kalten Krieges entstanden, wird die Anlage noch heute als einziger Luftwaffenstandort Niederbayerns von der Bundeswehr betrieben.*

Hindenburgkanzel

Ausblick von der Hindenburgkanzel

Kleiner Osser
Großer Osser
Čekání
Maxfelsen
Bílý Potok
Am Knöchel
Velký Kokrháč
1
Eggersberg
Lohberg
St 2154
TSCHECHIEN
DEUTSCHLAND
Zwerchec
2
Mühlbach
Perlesbach
Lohberg-hütte
Oberhaiderberg
Zackermühle
St 2154
Sommerau
Weißer Regen
P
Bramersbach
Ebenbach
Hindenburg kanzel
6
Weidenbach
Fuchsriegel
Hörndl
Schneiderberg
Sollerberg
Hindenburgfelsen
5
Sollerbach
Wagnerspitze
Brennes
St 2137
Spitzberg
St 2137
4
3
Kleiner Arbersee
Naturschutzgebiet Kleiner Arbersee

Alles auf einen Blick

WIE & WANN:

Ausgeglichene Mischung aus breiten Forststraßen und wenig frequentierten Nebenstraßen. Nur auf dem letzten Teilstück muss mit erhöhtem Verkehr gerechnet werden.
Beste Zeit: Anfang Mai bis Ende Oktober

HIN & WEG:

Auto: Wanderparkplatz Scheiben an der Staatsstraße 2154, 9370 Lohberg (GPS: 49.159213, 12.158884)
ÖPNV: Keine ÖPNV-Anreisemöglichkeit für Radfahrer

ESSEN & ENTSPANNEN:

Ausflugsgaststätte Seehäusl ❹ Böhmackerstraße 6, 93470 Lohberg, Tel. (0 99 43) 13 85, www.seehaeusl-kleinerarbersee.de
Berghotel Mooshütte ❺ Mooshütte 3, 93470 Lohberg, Tel. (0 99 43) 90 50 30

ENTDECKEN & ERLEBEN:

Kapelle in Eggersberg
Tierpark Lohberg ❷ Schwarzenbacher Straße 1a, 93470 Lohberg, Tel. (0 99 43) 81 45, www.bayerwald-tierpark.de
Kleiner Arbersee ❸
Hindenburgkanzel ❻

Entspannung ★★★☆☆
Genuss ★★★★☆
Romantik ★★★★★

Donausteg

- 41,2 Kilometer
- 110 Höhenmeter
- 3,5 Stunden
- Rundtour

Abwechslung pur verspricht der heutige Tag. Es geht zu einem Naturwunder, ins Klosteridyll, an die Strandbar und direkt aufs Architekturhighlight. Seid gespannt! Los geht's am Fuß des Bayerwalds, im Zentrum von **Niederalteich.** Die Gemeinde im Landkreis Deggendorf kann auf eine lange Geschichte zurückblicken, vor allem durch ein altehrwürdiges **Benediktinerkloster** 1 nebst zweitürmiger Abteikirche. Hier startet unsere Tour.

Fähre bei Niederalteich

Erst mal geht's durchs Dorf: nordwärts auf dem **Guntherweg,** dann linker Hand in die **Hengersberger Straße** und sogleich wieder links in die **Donaustraße.** Wie der Name sagt, bringt uns diese bei mehrmaligem Geradeaushalten direkt zum Donaudamm, hinter dessen Krone sich der Blick auf den Fluss öffnet. Direkt vor uns liegt nun der Fähranleger. Denn an dieser Stelle ist die kleine Donaufähre „Altaha" die einzige Möglichkeit, den Strom zu überqueren. Und so gehen wir an Bord und lassen uns ein paar selige Minuten auf dem Wasser treiben.

Am anderen Ufer angekommen, schwingen wir uns endgültig in den Sattel. Zunächst geht's den Weg zur Fähre hinauf. Der bringt uns auf den **Donaudamm,** in die darunterliegende Straße biegen wir scharf rechts ein. In gemütlichem Rollen nehmen wir

Immer stromwärts

Zwischen Donau und Isarmündung

Brücke zur Waldschänke Grieshaus

Kurs gen Norden. So radeln wir erst an der Donau, wenig später am **Naturschutzgebiet Donaualtwasser Staatshaufen** 2 vorbei. Vom Weg aus können wir an ein paar Stellen Einblicke in die ruhige Auenlandschaft genießen. Kurz nachdem der markierte Radweg eine lang gezogene Linkskurve vollzieht, zweigt er nach rechts ab. So rollen wir über den Stögermühlbach direkt auf die **Waldschänke Grieshaus** 3 zu. Wer nach 5 Kilometern schon eine Rast braucht, ist hier richtig.

*Das **Donaualtwasser Staatshaufen** steht seit den 1980er-Jahren unter Naturschutz. Denn das fast 60 Hektar große Areal ist ein wichtiger Rückzugsort für bedrohte Tier- und Pflanzenarten. Deswegen herrscht hier ein striktes Betretungsverbot.*

Nach dem Wirtshaus bringt uns der ausgewiesene Radweg etwas weiter weg vom Wasser. In einem Mix aus Wäldern und Feldern biegen wir zweimal, den Wegweisern folgend, rechts ab, sodass wir den einstigen Weiler Isarmünd erreichen. Weil dieser mittlerweile im Hochwasser-Flutpolder liegt, wurden die wenigen Gebäude abgerissen und die Bewohner umgesiedelt. Nur die denkmalgeschützte **Kapelle** 4 bleibt erhalten. Am kleinen Gotteshaus kommen wir auch direkt vorbei, nachdem wir an der Kreuzung im Ort links abgebogen sind. Wer einen Abstecher zur

Isarmündung machen will, fährt in Isarmünd geradeaus und lässt das Rad gut 200 Meter später stehen. Von hier führt ein ausgeschilderter Fußweg in rund 25 Minuten zu dem Bereich, an dem die Isar in die Donau fließt.

Der eigentliche Radweg hingegen sorgt ab Isarmünd dafür, dass wir das etwa 800 Hektar große **Naturschutzgebiet Isarmündung** ❺ umrunden. Dazu folgen wir dem **Isarradweg** von der Kapelle aus südwestwärts. Begleitet werden wir zunächst von einem unscheinbar wirkenden Mix aus Wald- und Wiesenstücken. Am Weg liegt auch ein kleines **Wasserkraftwerk,** welches vom Grafenmühlbach gespeist wird. Nach insgesamt 10 Kilometern haben wir wieder ein Highlight erreicht, das **Infozentrum Isarmündung** ❻ im Weiler **Maxmühle.** Hier stellen wir die Räder an einem der dafür vorgesehenen Ständer ab und machen uns auf, die Indoor- und Outdoor-Bereiche der Einrichtung zu erkunden. Dabei erfahren wir allerlei Spannendes über die Natur der Auenlandschaft zwischen Isar und Donau. Wer sich nach all der Information noch stärken will, findet auf der anderen Straßenseite einen herrlichen Biergarten in der **Grafenmühle** ❼.

Infozentrum Isarmündung

Für die Seele

Märchenhafte Auenlandschaften erwärmen unser Herz. Und auch die Beine freuen sich, weil's ganz flach von Höhepunkt zu Höhepunkt geht.

Isarauen bei Plattling

Die **Isarmündung** ist ein einzigartiger Naturschatz von europäischem Rang. In den vielfältigen Auenlandschaften leben unter anderem Mittelspechte, Moorfrösche und Wasserschnecken. Seit 1990 gilt diese Oase deswegen als Naturschutzgebiet.

Weiter geht's schließlich auf dem Isarradweg, sodass wir an der ersten Kreuzung nach dem Infozentrum rechts abbiegen. Nun wird die Natur um uns herum langsam immer wilder. Auf fein geschotterten Wegen düsen wir ohne nennenswerte Steigungen durch lichte Märchenwälder. Nicht vergessen sollten wir, die Augen offenzuhalten. Stehen zu bleiben und die tümpelartigen Flussarme links und rechts des Weges in Augenschein nehmen, bringt Entschleunigung pur!

Verfahren können wir uns dabei kaum, da wir einfach stets dem bestens markierten Isarradweg folgen. Der schlängelt sich erst beschaulich durch die Landschaft, ehe er nach dem erneuten Überqueren des Grafenmühlbachs links parallel zur Dammkrone einschwenkt. Aber auch der Hang des Hochwasserbauwerks ist schön anzusehen, sorgen hier doch Dutzende Wildblumenarten für saftige Farbtupfer. Mit fortschreitender Fahrdauer wird's um uns herum wieder trockener, nach rund 16 Kilometern tauchen linker Hand Felder und Wiesen auf. Kurz dahinter kreuzen wir die Staatsstraße 2124 und kommen der Zivilisation wieder näher.

Erstes Anzeichen von Besiedlung ist ein **Friedhof,** den wir rechter Hand liegen lassen. Er gehört zur Stadt **Plattling,** die wir noch durchqueren werden. Dafür folgen wir der Friedhofsstraße, das Bahngleis in Richtung Passau kreuzend, bis zur **Bundesstraße 8,** auf die wir rechts einbiegen. Wenige Momente später machen wir am Fußgängerweg der **Isarbrücke** halt, um den in den Alpen entsprungenen Strom in Augenschein zu nehmen. Hinter der parallel verlaufenden Bahnbrücke erblicken wir die **Isarwelle 8.** Wer die 30 Meter breite Wasserwalze von Nahem betrachten will, biegt vorher schon vor dem Bahngleis rechts ab. Dabei nimmt er einen Umweg von lediglich 400 Metern in Kauf.

Egal ob mit oder ohne Abstecher, weiter geht's hinter der Brücke in Richtung Plattlinger Stadtzentrum. Immer geradeaus rollen wir auf den **Ludwigsplatz** zu. An der großen Kreuzung, die die Grenze zum **Preysingplatz** darstellt, biegen wir rechts in die Deggendorfer Straße ab. 19 Kilometer haben wir an dieser Stelle schon in den Beinen. Nun rollen wir weiter durch die Stadt, abermals über die Bahngleise, an Volksfestplatz und Feuerwehr vorbei, bis rechts der **Plattlinger Mühlbach** auftaucht. Diesem folgend, biegen wir rechter Hand in einen markierten Radweg ab, sodass wir am

*An der **Plattlinger Isarwelle** wird künstlich ein Wildwasserstrom simuliert. So ist ein Eldorado für Freestyle-Kanuten und Surfer entstanden, das in Niederbayern seinesgleichen sucht. Sogar internationale Meisterschaften fanden hier schon statt.*

Isarwelle

Bächlein bleiben. Wir kreuzen die **Staatsstraße 2124,** um geradeaus in den Weg **Pankofen Mühle** zu radeln. Auf ihm lassen wir Plattling hinter uns, um nach einem Feldstück auf dem ausgewiesenen Radweg den Ort **Schiltorn** zu durchqueren.

Auf weiter Flur folgt eine Links-rechts-links-rechts-Kombination. Aber keine Sorge, die Markierungszeichen geben Halt. Dabei kommen wir im Dorf **Holzschwaig** vorbei und können uns im Anschluss auf eine knapp 4 Kilometer lange Geradeauspassage freuen. Die **Altholzstraße** bringt uns dabei noch an einigen kleinen Häuseransammlungen vorbei, ehe wir die **Autobahn 3** mittels Brücke überqueren und in den Deggendorfer Ortsteil **Fischerdorf** einrollen, der 2013

Strandbar an der Donau

beim Donau-Jahrhunderthochwasser hart getroffen wurde. Im Ort halten wir uns stets geradeaus, bis wir den **Deich** erreichen, vor dessen Krone wir links in einen Radweg einbiegen. So fahren wir nur wenige Meter von der Donau entfernt unter der **Autobahn 92** hindurch.

Nun haben wir das architektonische Highlight des Tages vor unseren Augen, den **Donausteg** ⑨. Die besonders hübsche Fußgänger- und Radfahrerbrücke wurde im Rahmen der Landesgartenschau 2014 erbaut und ist noch heute ein beliebtes Ausflugsziel. So radeln wir aufs Bauwerk und blicken tief in die malerische Flusslandschaft. Später verlassen wir die Brücke am dem Bayerwald zugewandten Ufer, biegen dort rechts ab, um nach der Umfahrung eines Campingplatzes wieder direkt zur Donau zu gelangen. Den Fähranleger im Blick, halten wir uns links und erspähen Beachfeeling pur. Nun haben wir nämlich die **Strandbar** ⑩ erreicht. Hier ist Absteigen Pflicht, um bei einem kühlen Getränk die Füße in den Sandstrand zu stecken und die Seele im Urlaubsmodus baumeln zu lassen.

*Rund 450 Meter Länge misst der **Donausteg.** Die aus sechs Feldern gefertigte Stahlfachwerkbrücke ist aufgrund des ikonischen Designs preisgekrönt. 2016 erhielt sie den Deutschen Brückenbaupreis. Die Baukosten betrugen rund 9 Millionen Euro.*

Nach der Pause haben wir noch 12 Kilometer vor uns. Los geht's wieder am Donauufer, das zweite Mal unter der A92 hindurch und weiter durch den **Donaupark ⑪.** Am Ende der Uferpromenade sagen wir der Donau erst mal adieu und biegen linker Hand in den **Dieter-Görlitz-Platz** und die anschließende **Edlmairstraße** ein. Dabei überqueren wir Bahngleise und radeln an der Technischen Hochschule vorbei, bis wir eine große Kreuzung erreichen. Hier biegen wir rechts in die **Hans-Krämer-Straße** ein. Nun rollen wir übrigens auf dem markierten **Donauradweg** dahin. Der ist zunächst einmal ein Mix aus öffentlichen Straßen und parallel dazu verlaufenden Radtrassen. So kommen wir nicht nur an der Abzweigung zur Deggendorfer Donaubrücke vorbei, sondern auch am **Hafen** und den südlich gelegenen Ortsteilen von Deggendorf. Sowohl den Bahngleisen als auch der Donau kommen wir noch mal richtig nah.

Griesweiher

Aufpassen müssen wir nur nach der Querung der **Josef-Wallner-Straße,** hinter der der ausgewiesene Radweg rechter Hand von der Hauptstraße abschwenkt, um kurz dahinter auf die andere Seite des Bahngleises zu wechseln. Wir passieren den Sportplatz des SV Deggenau und erreichen bald erneut die **A3.** In die davorliegende Nebenstraße biegen wir linker Hand ein. 4,5 Kilometer lang halten wir uns parallel zur verkehrsreichen Fernstraße, ehe der markierte Radweg erst scharf links von der Autobahn wegführt, um kurz dahinter eine 180-Grad-Kurve vorzugeben, sodass wir, einer Brücke folgend, die A3 überqueren können. Dahinter erreichen wir nicht nur abermals die Donau, sondern lassen den Verkehrslärm auch endgültig hinter uns.

Nun folgt der erfrischende Höhepunkt des Tages, der **Griesweiher ⑫.** Aus einer ehemaligen Kiesschürfung entstanden, hat sich gerade das von uns erreichte Südufer des Sees zur Badeoase entwickelt. Noch ganz ohne Schnickschnack können wir uns hier Abkühlung verschaffen und die tolle Tour auf unsere Seele wirken lassen. Also: Die Notfall-Badeausrüstung sollte auf jeden Fall in den Rucksack. Nach dem Badestopp geht's weiter am Donaudamm entlang, der uns schnurstracks zurück nach **Niederalteich** bringt.

Wir kommen auf Höhe des **Fähranlegers** am Ortsrand an. Den Weg zurück zum Ausgangspunkt kennen wir noch von der Anfahrt. Nur ein Museumstipp sei an dieser Stelle noch gegeben. An der letzten Kreuzung, die Kirchtürme schon im Blick, empfiehlt sich ein Abstecher – und zwar ins direkt vor uns liegende **Gerhard Neumann-Museum** ⑬. Hier kommen Luftfahrtinteressierte voll auf ihre Kosten. Wer den Radtag lieber kulinarisch ausklingen lassen möchte, kann wenige Meter dahinter noch einen Stopp im Biergarten des **Klosterhofs** ⑭ einlegen. Mönche wussten schließlich schon immer, wie man sich nach einem ereignisreichen Tag am besten erholt.

*Das **Gerhard-Neumann-Museum** hat sich der Fliegerei verschrieben. Kern der Ausstellung sind vier Starfighter aus dem Kalten Krieg. Benannt ist das Haus nach einem in die USA ausgewanderten Deutschen, der zum Vorreiter der Triebwerksentwicklung wurde.*

Blick auf Niederalteich

Deggendorf
Natternberg
Natternberger Mühlbach
Natternberg
Hacker-weiher
Rettenbacher Graben
Rettenbach
Hettenkofen
Burgsee
Pankofen
Höhenrain
Enzkofen
Plattling
Landauer Straße
Pielweichs
Schiltorn
Holz-paint
Schwarzgraben
Alte Isar
Schwaig-Isar
Isarmündung
Isar
Fischerdorf
Donau
Saubach
St 2125
St 2074
St 2124
DEG 46
DEG 24
DEG 18
DEG 42
DEG 21
DEG 10
Gefallenenhain
Deggenau
Reinprechting
Ester-holz
Schwarzholz
Buchholz
Grillenberg
Eichberg
Schützinger Berg
Irlberg
Alte Donau
Augraben
Donau-altwasser Staatshaufen
Stögermühlbach
Grafenmühlbach
Langlüßgraben
Hauptgraben
Sammern
Kühmoosgraben
Moos
Russengraben
Niederalteich
Altenufer
Hengersberger Ohe
533
11
8
3
92

Alles auf einen Blick

WIE & WANN:
Meist geschotterte oder asphaltierte Radwege, zum Teil auch Straßen. Die Donaufähre ist im Sommerhalbjahr von Donnerstag bis Sonntag sowie an Feiertagen in Betrieb. Vorsicht: Bei Niedrig- oder Hochwasser ist kein Transport möglich. Auskünfte erteilt die Gemeinde Niederalteich unter (0 99 01) 9 35 30.

HIN & WEG:
Auto: Parkplatz an der Pfarrkirche, Am Kirchplatz, 94557 Niederalteich (GPS: 48.765461, 13.026275)
ÖPNV: Keine ÖPNV-Anreisemöglichkeit für Radfahrer

ESSEN & ENTSPANNEN:
Waldschänke Grieshaus ❸ Grieshaus 1, 94554 Moos, Tel. (0 99 38) 3 59
Zur Grafenmühle ❼ Maxmühle 1, 94554 Moos, Tel. (0 99 38) 5 31, www.zur-grafenmuehle.jimdofree.com
Strandbar ❿ Eginger Straße 62, 94469 Deggendorf, Tel. (0 15 75) 1 71 33 86
Klosterhof ⓮ Mauritiushof 2, 94557 Niederalteich, Tel. (0 99 01) 20 82 81, www.klosterhof-niederaltaich.de

ENTDECKEN & ERLEBEN:
Kloster Niederalteich ❶ Mauritiushof 1, 94557 Niederalteich, www.abtei-niederaltaich.de
Naturschutzgebiet Donaualtwasser Staatshaufen ❷
Kapelle in Isarmünd ❹ **Naturschutzgebiet Isarmündung ❺**
Infozentrum Isarmündung ❻ Maxmühle 3, 94554 Moos, Tel. (0 99 38) 91 90 98, www.infozentrum-isarmuendung.de
Isarwelle ❽ **Donausteg ❾** **Donaupark ⓫** www.deggendorf.de
Griesweiher ⓬ **Gerhard Neumann-Museum ⓭** Hengersberger Straße 5, 94557 Niederalteich, Tel. (0 99 01) 20 27 25, www.f-104.de

Entspannung ★★★★★
Genuss ★★★★☆
Romantik ★★★☆☆

25 Kilometer
290 Höhenmeter
2,5 Stunden
Rundtour
Weißenregen

Dieser Tag steht im Zeichen des Regen. Wir hoffen zwar nicht, dass sich die Wolken öffnen, um unsere Route feuchtfröhlich werden zu lassen, aber der Fluss Regen ist heute nahezu omnipräsent. Um ins Abenteuer zu starten, schwingen wir uns am **Großparkplatz** in der Nähe des Bad Kötztinger Kurparks in den Sattel. Wir orientieren uns südwärts am **Grünes-Dach-Radweg.** Der bringt uns gleich direkt hinein in den **Kurpark ①.**

Nachdem die ersten bunten Blümchen an uns vorbeigezogen sind, können wir schon einen Blick auf den **Weißen Regen** erhaschen. Der Fluss plätschert gemächlich links von uns dahin, während wir uns durch den Kurpark schlängeln. An einem Fußballplatz vorbeifahrend, kommen wir langsam ans Ende des Parks, welchen wir nach der Überquerung der **Westumfahrung** spätestens dann hinter uns lassen, wenn die **Spielbank** in unser Blickfeld kommt. Weiter dem markierten Radweg folgend, biegen wir links in die **Waldschmidtstraße** ein, die uns nach einem 90-Grad-Linksknick dank Brücke ans andere Ufer des Weißen Regen befördert.

Kurpark Bad Kötzting

Danach radeln wir meist idyllisch am Fluss entlang, bis wir nach etwa 3,5 Kilometern hinter **Lernbechermühle** den Geburtsort des **Regen** bestaunen. Wir kommen nämlich direkt an die Stelle, wo sich Schwarzer und Weißer Regen vereinen. Ab hier legt der Regen

Im Regenfluss

Blaibacher See und Höllensteinsee

*Die Quellflüsse des **Regen** entspringen zwischen den Bergen Arber, Falkenstein und Rachel – teils auf bayerischer, teils auf tschechischer Seite. Etwa 100 Kilometer nach dem Rendezvous von Schwarzem und Weißem Regen mündet der Fluss in Regensburg in die Donau.*

schließlich alle Beinamen ab. Eine noch bessere Sicht auf das Naturschauspiel haben wir weitere 300 Meter später, dann nämlich hat uns der Radweg auf die Dammkrone des **Kraftwerks Pulling** ❷ gebracht, welches hinter sich den **Blaibacher See** ❸ aufstaut. So lohnt durchaus auch ein Blick in die entgegengesetzte Richtung, um der ruhigen Oberfläche des Stausees und den darauf herumtanzenden Schatten der nahen Bäume zuzusehen.

Der Radweg führt uns abermals zur Flussgabelung und direkt am südlichen Ufer des Regen weiter gen Westen. Aufpassen, heißt es nach dem Durchqueren der Ortschaft **Pulling.** Nach insgesamt 5,2 Kilometern müssen wir nämlich scharf links abbiegen – hinein in den **Regental-Radweg.** Nach einem kurzen steilen Stück und der Überquerung der Staatsstraße 2140 wird das Terrain wieder flacher.

Blaibacher See

So rollen wir uns langsam richtig ein. Für eine längere Passage geht's jetzt nämlich einfach immer geradeaus am Radweg dahin, erst durch waldige, später oft auch durch offene Teilbereiche. Dabei überqueren wir nicht nur die Grenze der Landkreise Cham und Regen, sondern lassen auch zahlreiche kleine Ortschaften am Wegrand liegen. **Wimbach, Krailing, Anger** und **Meidengrub** streifen wir stets nur mit den Augen, rollen aber knapp daran vorbei.

Interessant wird's nach genau 13 Kilometern. Hier, am Dorfeingang von **Fichtental,** verlassen wir den Regental-Radweg und biegen linker Hand in einen abzweigenden Radweg in Richtung **Ruhmannsdorf** ein, welches wir nach einer weiteren Abzweigung, diesmal rechter Hand, ebenso wie das direkt dahinterliegende **Dumpf** bald durchfahren haben.

Dann wechseln wir von der Nebenstraße in einen Forstweg. Der führt uns an blühenden Wiesenrändern vorbei hinein ins waldige Regental. Gut 2 Kilometer lang rollen wir nur ein paar Höhenmeter über dem Wasser dahin und können immer wieder kühle Blicke auf den **Höllensteinsee** ❹ genießen.

Mit insgesamt 17,5 Kilometer in den Beinen haben wir das zweite Wasserkraftwerk des Tages erreicht, das **Höllensteinwerk** ❺. Während wir unser Rad über die Staumauer schieben, beobachten wir, wie links von uns der Schwarze Regen Fahrt aufnimmt, während er rechts von Menschenhand gezähmt wurde. Bevor wir

Tolle Natur

Für die Seele

Ein Tag im Zeichen kühler Frische! Wir tauchen ein ins Regental. Entspannt lernen wir den Fluss und seine Stauseen kennen.

Höllensteinsee

Das **Höllensteinkraftwerk** ging 1926 in Betrieb, um den steigenden Strombedarf der Stadt Straubing zu decken. Noch heute ist das Werk an der einst größten Talsperre Bayerns mehrheitlich im Besitz der Straubinger Stadtwerke.

weiterfahren, setzen wir uns ans nördliche Seeufer und verschnaufen für ein paar Minuten. In dieser erfrischenden Masse bekommen wir Wasser heute nämlich nicht mehr zu Gesicht.

Weiter geht's bergauf dem Radweg folgend an ein paar Häusern vorbei hinauf zum **Kraftwerksparkplatz.** An der darüberliegenden Straße angelangt, haben wir ziemlich genau die Landkreisgrenze erreicht. Wir halten uns links, um ins Chamer Gebiet vorzudringen. Die wenig befahrene **Kreisstraße CHA 48,** gleichzeitig ein markierter Radweg, begleitet uns dabei nun fast bis zum Schluss. Mit Ausnahme der größeren Lichtung rund um das Dorf **Ried am See** ist der erste Teil dieser Passage noch mal waldig und somit Schatten spendend.

Nach knapp 21 Kilometern wird's um uns herum wieder offener. Wiesen und Felder ersetzen das Meer aus Bäumen. So können wir linker Hand ein paar letzte Blicke auf den zum **Blaibacher See** aufgestauten Schwarzen Regen erhaschen, dessen Oberfläche einige Höhenmeter unter uns auf der Talsohle das Sonnenlicht reflektiert. Die Straße führt uns derweil vorbei an einzelnen Anwesen, aber auch einmal quer durch die Ortschaft **Hafenberg.**

Später passieren wir ein paar Fischteiche, die uns das Signal geben, an der nächsten Kreuzung aufzupassen. Hier, nach 22,8 Kilometern, verlassen wir nämlich den markierten Radweg, um linker Hand in eine Nebenstraße in Richtung **Weißenregen** einzubiegen, wo das kulturelle Highlight des Tages auf uns wartet. Nach 500 Metern haben wir das Dorf bereits erreicht. Zunächst einmal müssen wir die Siedlung durchqueren. Dafür halten wir uns stets geradeaus. So stehen wir am Ortsrand bald vor dem **Gasthaus Zur Klause 6,** wo wir unsere Räder parken.

Derweil gehen wir ein paar Meter zur **Wallfahrtskirche Weißenregen 7** nebst dazugehörigem Friedhof. Der von außen recht schlicht wirkende, einschiffige Bau entfaltet im Inneren erst seinen wahren Glanz. So kann es durchaus etwas länger dauern, bis wir das Gotteshaus wieder verlassen. Nach dem spirituellen Sightseeing belohnen wir uns erst mal mit einer klei-

Kirche in Weißenregen

nen Stärkung im typisch bayerischen Wirtshaus. Wenn das Wetter passt, nehmen wir natürlich im Biergarten unter einem der Kastanienbäume Platz.

Nach der Rast rollen wir hinter der Kirche in eine für Autos gesperrte Nebenstraße ein. Auch wenn es bergab geht, nehmen wir nicht allzu viel Tempo auf. Das liegt zum einen daran, dass wir hier einen tollen Blick über die Stadt Bad Kötzting genießen können. Zum anderen gibt's am Wegesrand noch einiges zu bestaunen. Wir befinden uns auf einem zur Wallfahrtskirche gehörenden **Kreuzweg 8.** Auf Steinpfeilern ruhende Bildreliefs zeichnen die biblische Geschichte der letzten Stunden Jesu nach.

Zurück im Hier und Jetzt sind wir schließlich, als wir die Staatsstraße 2140 erreichen, die wir geradeaus überqueren, um in den Bad Kötztinger Ortsteil **Am Roten Steg** einzurollen. An der einzigen Kreuzung in der Siedlung halten wir uns geradeaus, um bald schon das namensgebende Bauwerk zu erblicken. Rote Farbe können wir zwar nicht erkennen, dafür bringt uns das schmale Brückchen trockenen Rades auf die andere Seite des Weißen Regen. Dort landen wir auf Höhe des

*Im 11. Jahrhundert kam Weißenregen in den Besitz des Klosters Niederalteich, welches hier 1593 eine Kapelle errichtete. Die heutige **Wallfahrtskirche** entstand von 1750 bis 1765. Kirchweih wird stets an Mariä Himmelfahrt, also am 15. August, gefeiert.*

Blick von Weißenregen nach Bad Kötzting

Weißer Regen bei Bad Kötzting

Fußballplatzes im **Kurpark** und somit auf dem ersten Stück unserer heutigen Trasse. Den Rückweg zum Ausgangspunkt finden wir also ohne Probleme.

Wer Lust hat, kann jedoch noch zwei weitere Stopps einlegen. Zum einen lädt natürlich der Park selbst zum Verweilen ein. Zum anderen gibt's gleich nebenan ein Stück urbayerische Kulinarik zu erleben. Dafür nehmen wir an einem weiteren Steg am Ende des Kurparks noch mal das andere Ufer des Weißen Regen ins Visier. Dort liegt nämlich das **Lindner Bräu** 9, eine echte Institution, wird hier doch schon seit 1870 Bier gebraut.

Bad Kötzting
Steinbach
Steinbach
Harras
P
St 2140
Gruberbach
Arnbrucker Straße
Blaibach
Weißer Regen
CHA 49
Ludwigs-
berg
Weißenregener Straße
Wettzeller Straße
Grub
St 2132
Weißen-
regen
Kreuzbach
Regen
Pulling
St 2140
Haberbach
Moosgraben
St 2139
Hafenberg
Untergschaidt
Blaibacher See
Sackenried
CHA 48
Riederberg
Augraben
Wimbach
Ried am See
Hirschpertberg
Schwarzer Regen
Obergschaidt
Krailinger Bach
REG 17
Höllensteiner Bach
Allmannsdorf
Grub
Unterviechtafell
Schwarzendorf
Krailing
Ruh-
manns-
dorf
Dumpf
Prackenbach
Birkenberg
Meidengrub
85
Fichtental
REG 6
Pirk

Alles auf einen Blick

WIE & WANN:

Gut die Hälfte der Route führt über feste, zum Teil schmale Radwege. Die restliche Zeit werden wenig frequentierte Straßen benutzt. Beste Zeit: Anfang Juli bis Ende November. Achtung: Von März bis Juni kann ein Teilbereich des Weges, kurz vor dem Höllensteinkraftwerk, wegen Brutaktivitäten des Wanderfalken gesperrt sein. In diesem Fall ist eine Umleitung markiert.

HIN & WEG:

Auto: Großparkplatz an der Ludwigstraße, 93444 Bad Kötzting
ÖPNV: Bahnhof Bad Kötzting, von hier 500 Meter bis zum Startpunkt der Tour

ESSEN & ENTSPANNEN:

Gasthaus Zur Klause ❻ Weißenregen 72, 93444 Bad Kötzting, www.klause-weissenregen.de
Lindner Bräu ❾ Weißenregener Straße 4, 93444 Bad Kötzting, Tel. (0 99 41) 14 29, www.lindner-braeu.de

ENTDECKEN & ERLEBEN:

Kurpark Bad Kötzting ❶
Kraftwerk Pulling ❷
Blaibacher See ❸
Höllensteinsee ❹
Höllensteinwerk ❺
Wallfahrtskirche Mariä Himmelfahrt ❼ Weißenregen 72, 93444 Bad Kötzting, www.wallfahrtskirche-weissenregen.de
Kreuzweg ❽

Entspannung ✱✱✱✱✱
Genuss ✱✱✱✱✱
Romantik ✱✱✱✱✱

Die GPS-Daten zu jeder Tour gibt es auf
www.droste-verlag.de

Konzeption/Satz: Droste Verlag, Düsseldorf
Einbandgestaltung: Britta Rungwerth, Düsseldorf, unter Verwendung von Bildern von © Fotolia.com: Andrey Kuzmin, undrey, dabost, niroworld; © www.stock.adobe.com: ARochau
Fotos: Sandra Schrönghammer und Gregor Wolf, außer: S. 1: Alois Schrönghammer; S. 41: Ilztalbahn GmbH, Waldkirchen; S. 58 (oben): Sabrina Dillinger; S. 71, S. 176 (unten): Frank Hanus; S. 107, S. 108, S. 114: Woidlife Photography; S. 171: Landkreis Deggendorf/Stefan Gruber; S. 177: Stadt Deggendorf
Karten: Thorsten David, Bochum
Textlektorat: Mo Kreutzberg, Düsseldorf
Druck und Bindung: LUC GmbH, Greven

FSC www.fsc.org
MIX
Papier aus verantwortungsvollen Quellen
FSC® C011279

ISBN 978-3-7700-2408-7
www.droste-verlag.de